Eurus

Notus

島田昌和

Masakazu Shimada

渋沢栄一

社会企業家の先駆者

Boreas

Zephyrus

岩波新書
1319

はじめに

日本の近代社会形成にあたって、政治や言論等の領域で寄与した人物が数多く存在する中で、経済活動、特にビジネスの領域で多大な貢献をした人間はきわめて限られている。その例外的な存在の一人に渋沢栄一がいる。渋沢は、渋沢栄一研究の第一人者・土屋喬雄によって「日本資本主義最高の指導者」と評価され、「経済道徳・経済倫理を説いて回った高潔無私なリーダー」というイメージが一般に定着している。これによって多くの研究者が、渋沢自身が唱えた「論語と算盤」や「道徳経済合一説」を分析・解明しようとして、思想や理念といった側面からアプローチしてきた。しかし、渋沢の行動には思想的な矛盾や一貫性に欠けるところが多々あり、多様な解釈がなされていて、儒教的な理念と位置づけられるかどうかなど、これといった定説に至っていない。

その一方で小説家たちは渋沢を主人公に物語を編むとき、不思議なほど青年期を重点的に取り上げる。農民の身分から身を起こし、激動の時代に翻弄されながらもフランスで多くのものを身につけて帰ってきた、その情熱と行動力に着目する。儒教に根差した教養、藍玉の取引を通じた商業体験、攘夷の直接行動に走った封建社会への批判精神、一橋家での経済官僚としての体験、渡欧による近代西欧社会の実体験、新政府での人脈形成と経済政策の立案経験など、ふつう一人では経験しきれないほどの豊富なキャリアがこれまで多く語られてきた。幕末維新期の激動の荒波の中で農民の子がいかにして世にでて、「成功者」と目される実業界での活動の源泉をどのように主体的に摂取していったのかを明らかにしたいということからであろう。

先の研究者と同様に多くの小説家や評論家も基本的に自伝とも言える『雨夜譚《あまよがたり》』や渋沢の口述した数多くの思い出に依拠しながら、次々に訪れる状況変化に際して渋沢が独自の判断や決断を下したことを自由な発想と解釈によって論じてきた。その多くは読者自身の判断にゆだねるスタイルをとり、全体を貫く明確な主張を盛り込んだものは意外に少ない。そして評価があったとしてもその時として矛盾だらけに見える行動選択に対して、現実主義的な実際家としての評価や熱情的な行動への評価で語られることが多い。

以上のことからもわかるように、実はこれまでの渋沢栄一に関する研究や評論では、人間として働き盛りの三〇代から六〇歳に至る時期のビジネス面での活動がほとんど取り上げられないままに論じられてきた。渋沢の社会における評価が高まったのは、その時期のさまざまなビジネスでの成功にあるにもかかわらずである。渋沢は財閥という背景をもたなかったにもかかわらず、おびただしい数の民間企業を設立して運営に関わり続け、日本の大株主の一人として財を築いた。関わった会社は多くの株主がいて利害が錯綜する上場会社であり、それらを同時並行で切り盛りしていたが、そのメカニズムの実証研究そのものがなされていなかった。

また、自ら関わる諸会社を上手に運営しただけでなく、経済政策に積極的に発言し、一定の影響力を行使し、社会事業や教育を通じた人材育成にも熱心に関わり続けた。富の拡大再生産モデルを作り上げ、その社会への還元を実践した。民間経済人でありながら経済政策へ独自の見解と影響力ももった。このような活動は昨今必要性が叫ばれている「これまでにない革新的な手法を用いて問題を解決し、新たなしくみを創り出すことで、社会イノベーションを達成する起業家」(内閣府経済社会総合研究所編『社会イノベーション事例集二〇〇八』)である「社会企業家」の先駆けそのものといえよう。

社会起業家なのか、社会企業家なのかは、その定義を厳密に使い分けることはなかなか難しい。起業や企業の意味そのものにも日本とアメリカ、ヨーロッパで微妙な差があるからである。ここでは企業の意味に営利・非営利を含めた社会的問題に対処する事業体との定義を与え、事業の立ち上げから安定的な運営に至る過程すべてを視野に入れて社会企業家(ソーシャルアントレプレナー)を使うこととしたい(『一橋ビジネスレビュー』二〇〇九年夏号、「ソーシャルイノベーション」特集参照)。

本書の構成

以上の視点に基づき、次のように本書を構成した。第一章では農民の子として生まれてから民間経済に入るまでの人格形成期を取り上げ、経済人・渋沢がいかにして形成されたのかを紹介する。第二章では第一国立銀行の創設から多くの会社を設立する過程を、主に出資者としての側面から取り上げる。第三章は一緒に活動した経営者たち、地縁・血縁者、そして娘婿らとの新たな家族の役割と、人的なネットワークから企業家として、社会企業家としての活動の広がりを取り上げる。第四章は日清・日露戦争前後の時期に、日本経済の方向性に対して積極的に発言した政策提言に見られる社会観を紹介する。第五章では多方面に関わった社会事業の中で特に教育と労働問題という人的な側面に焦点を当てて紹介する。

今、『論語』を論じた渋沢の著述や講演録がよく取りあげられる。先が見えない混迷の時代に、古典のもつ普遍性と時代を切り開いた人物に学ぼうという姿勢があるからだろう。しかし、渋沢は単に思想家ではなく、その著述もすべて自らが切り抜けた経験に基づいて語っているものである。そういうところが時代を超えて読む人を引きずりこむ力をもっているのではないか。渋沢の言葉と並行してまず、渋沢が作ろうとした経営の仕組みや近代社会とはどういうものだったのか、ビジネスだけでなく、社会のさまざまな領域に関わり、行動した渋沢の中に現代社会へのヒントが潜んでいるのかもしれない。

目次

はじめに

目次

＊本文中の引用文の表記について　原則として新字体・新かなづかいにした。一部の漢字をかなに変え、ふりがなを追加した。またカタカナは平がなに改め、送りがなや句読点を整理した。

＊写真所蔵・提供（　）内の数字はページ数
渋沢史料館（1・6・8・20・23・32・43・53・65・81・84・86・104・111・114・123・125・148・155・156・164・195・213）、神奈川県立歴史博物館（52）、清水建設株式会社（180）、修養団（161・202・203）、松戸市戸定歴史館（19）

第一章　農民の子から幕臣へ

——才覚を活かせる場を求めて

帯刀姿の栄一　1867年フランスにて

1　養蚕・製藍農家の長男として

武蔵国・深谷に生まれる

渋沢栄一は一八四〇(天保一一)年、武蔵国現在の埼玉県深谷市内、JRの深谷駅から北西の方角に五キロほど離れた血洗島《ちあらいじま》村に生まれた。血洗島村は行政区としては、上手計《かみてばか》村、下手計村などとともに旧八基村に属し、その後他村と一緒に豊里村を形成し、一九七三年に深谷市と合併した。

このあたりは南北朝時代には新田氏と足利氏が、室町時代には関東管領上杉氏と古河公方が、戦国末期には越後の上杉氏と後北条氏が戦った地域であった。一五九〇年の豊臣秀吉による後北条氏の討伐、徳川家康の関東入国によってようやく戦乱に終止符が打たれた(『深谷市史・追補編』、以下『追補編』と略す)。

血洗島村は村に土着した旧武家の吉岡和泉をはじめとする五軒が天正期(一五七三〜九一)に開墾して始まった村であった。江戸期の農産物は穀類・蔬菜・養蚕・藍が代表的なもので、水田は少なく、牛馬の飼育者も少ない、一農家の耕地が三町歩を超えるのは稀な「平均よりやや小さめの村」であった(『追補編』、井上潤「少・青年期の人間形成」)。

このように紹介するといかにも貧しい農村のようだが、一方で江戸時代のこの村は、基本的には「幾度か洪水の難をうけたが、地味は肥え、交通の便にも恵まれ、住民は農事に励み、平穏な日々をおくったと思われる」(『追補編』)と分析されている。水害とは、一七八三(天明三)年の浅間山大噴火による砂降り、川筋泥流による甚大な被害であったり、一八五九(安政六)年の大洪水などであった(同前)。領主は二万二五〇〇石の大名・安部摂津守で、実際には支配する岡部藩の陣屋によって統治されていた。

交通の要所の地

この地の利点は、陸上・水上交通ともに利用できる交通の要所であったことである。中山道の宿場である深谷宿は、江戸から約二〇里、九宿目にあたった。中山道と上州越後方面への脇往還北越街道の分岐点であり、人と物資がともに行きかう陸上交通の要所であった。さらに利根川の水運の中継基地である中瀬河岸場が生家のごく近くにあった。

ここは乗客の乗り継ぎ場(上流からの小舟から大船に乗り換え)であり、物資の積み替え地点(倉賀野まで三〇〇俵、中瀬まで五〇〇俵、下流まで一〇〇〇俵の制限あり)であると同時に、関所としての役割も果たして繁栄していた。中瀬の在籍船数は江戸時代を通じて常に一〇〇隻前後、そのうち一〇〇石以上の大型船が三六隻を占めていた。中瀬から江戸まで直行で一日で行くことができた（通常は途中の荷揚げおろしがあるので三日かかる。『追補編』）。

村一番の旧家

以上のことからわかるように、血洗島を中心とした地域は水田が少なく、経営規模の小さな農家が多いものの、比較的安定した支配構造と交通の便に恵まれ、発展の条件を備えた地域であった。全般的に飢饉の被害が少なく、激しい圧政もなかったようで、打ちこわしや一揆もさほど起こっていない。

そのような状況を背景に、村内においては江戸中期以降に特定の家による土地や財の集積が進み、その一方で土地保有が一町未満の貧農が大多数を占めるという格差の拡大が進行した（井上潤）。幕末に村の秩序に変化をもたらした主役の一家が急速に成長して村内の中心に躍り出た。その家が渋沢栄一の生家であった。

渋沢栄一が生まれたのは村内一古い「中の家」と呼ばれた渋沢一族の宗家であった。渋沢一族は血洗島の成立期から存在する吉岡、笠原、福島、渋沢の四家の一つであった（同前）。渋沢姓の家は次々に分家を重ね、天保期には一〇数軒に増加していた（次頁の渋沢家系図参照）。

父・渋沢美雅

父は渋沢美雅《よしまさ》（一八〇七（？）〜七一、幼名元助、号・晩香）といい、同時に当主として代々市郎右衛門を称していた。しかしながら栄一の父はこの家に生まれたわけではな

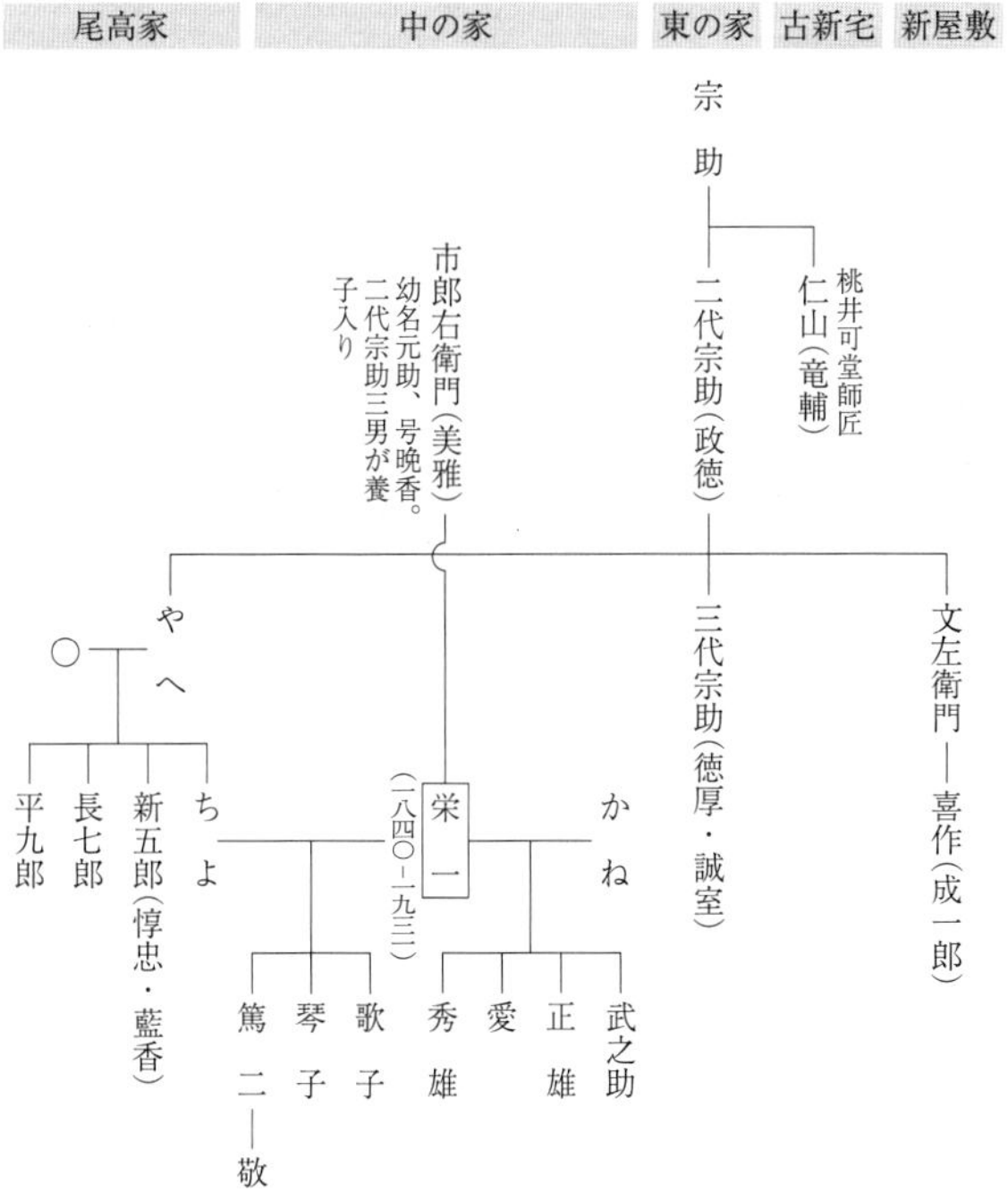

注：一部省略あり．兄弟のならび順も表現上順不同の箇所あり．

渋沢家系図

中の家全景

く、村内随一の土地や財を保有している「東の家」と呼ばれた渋沢宗助（第二代、号・政徳）の三男であり、婿養子に入って宗家を継いだのであった。父美雅は武家を志して武芸・学問を身に付けるが、その後家業に専念し、名主見習いに抜擢された。藩主御用達となり、安部摂津守から名字帯刀を許された「非凡の人物」「武士的気質《ぶけかたぎ》の人」と言われている（『青淵回顧録』、井上潤）。

栄一が生まれ育った「中の家」は渋沢宗家であるにもかかわらず、江戸時代初期の一六五六年の時点では水田を保有しない三〇戸中二一番目の小農家であった。それが栄一の父の代に藍玉の製造販売で財を成し、東の家に継ぐ富農となった（井上潤）。この地域の藍作や藍玉の製造は幕末からで、一八二四（文政七）年に隣村の下手計村では畑の七〇％が麦作と裏作での大豆栽培をおこなっており、一四％が藍作であった。

藍作や藍玉製造は四国の徳島から伝来したと言われ、販路は主として群馬、長野、秩父方面の紺屋と呼ばれる染物屋であった。藍業を手広くおこなっていたのは、血洗島のいくつかの渋沢家と手計の尾高家などであった。その中で渋沢「中の家」の売上高は年間で一万両にのぼったと推計されている（『追補編』、井上潤）。

以上のことからわかるように、栄一の生家は小規模農家であったが、父の代に周辺村の農家から藍葉を買い入れ「藍玉」という藍染め原料に加工して販売する新しいタイプのビジネスを切り開き、村内で一、二を争う富農に一気に成長した家であった。本来、農民層は水田を基本に石高に換算される稲という基軸産品の生産に縛りつけられていたが、栄一の生家は、その構造から脱け出したのであった。

古いしきたりと序列の打破

さらにすべての物資が江戸の商人を介して流通している構造さえも打ち崩し、「地産地消」とでも言うべき産地間の地回りで流通を担う、商人の領域をも兼ね備えることで富を蓄積できる家に急成長したのであった。社会秩序を実質的に壊していったこの成長著しい生家で、一〇代の時期に藍玉という染料原料の商売を実体験したことで、栄一が古いしきたりや序列を打ち破る気風を学んだ事は大きな意味をもったと言えよう。

学問・教育にも熱心

また、この家の気風は経済にだけ敏感だったわけではなかった。地方の富農層が文化や芸術のパトロンになった例としては、長野県の小布施《おぶせ》で地元の豪商が葛飾北斎や小林一茶ら当時の一流文人を招いたことなどが知られているが、渋沢の家は一族こぞって学問や教育にも熱心であった。

尾高惇忠

二代目宗助の弟で独立して「古新宅」と言われた渋沢仁山（一七七八年生まれ）は、医術・儒学を学び、塾を興している。そして北阿賀野村に生まれ、後に藤田東湖や武田耕雲斎と交わった桃井可堂（一八〇三年生まれ）は一二歳で先の渋沢仁山に師事し、一八三一年に自らの塾を開いている（『深谷市史』）。栄一が幼少時代、直接学んだ従兄弟の尾高惇忠（新五郎、号・藍香）は一八四一年に初めて水戸に行く機会を得て、その後徳川斉昭の考えや水戸学に傾倒したのであった。

さらに「東の家」の渋沢宗助（第三代、号・誠室、徳厚と称する）は先代と同様に名主を務め、藩主の用金を仰せ付けられる村の中心的な家を守り、養蚕技術書を著すほどの農業知識と教養をもつ一方で、剣は神道無念流の使い手であり、さらに私塾を開き、栄一はそこで書法を学んでいる。栄一は剣法を神道無念流大川平兵衛の門人となった渋沢新三郎から習った（『追補編』、

『青淵回顧録』）。

栄一は、このように血洗島の渋沢各家、手計の尾高家という親戚筋から書法、四書五経を用いた読み書き、剣法と、とてもふつうの農民や商家の家では適わない、まるで武家のような一通りの教育を受けることができたのであった。

江戸で学ぶ

そして青年期になるとさらに江戸で学ぶという大きな機会を得た。ペリーの来航した一八五三（嘉永六）年に一三歳にして初めて江戸を見物し、翌年再度江戸を訪れている。その翌年には渋沢の従兄弟にもあたる尾高長七郎が江戸の海保漁村の塾に入り、渋沢に先んじて尊皇攘夷の志士に成長していった。一八六〇年頃には本材精舎を主宰した菊地菊城が尾高家に寄宿し、尾高惇忠や栄一や三代目宗助の弟の興した「新屋敷」家の喜作らが門人となった。そしてここには津和野藩士や薩摩藩士なども出入りしたのであった（井上潤）。

その後、一八六一年には栄一も二一歳にして江戸に出て海保漁村の塾生となり、同時に千葉道場で剣法を学んだのであった。ここから攘夷の直接行動に向けて突き進んでいく。すなわち、一八六二年に長七郎は坂下門外での老中・安藤信正襲撃計画に参加したが、実行には加わらず京都に潜入した。翌一八六三年には地域の思想形成に多大な影響を与えた桃井可堂が赤城山で旗揚げして攘夷決行を目論んだが失敗して、翌年自首し絶食して死亡している。

一八六三年には栄一も一五〇両ほどの資金で槍や刀を一〇〇本ほど揃え、千葉道場や海保塾で懇意になった者たちと総勢七〇人ほどで高崎城乗っ取り、横浜焼き討ちを計画した（『雨夜譚』）。しかしながら同年七月の薩英戦

攘夷の直接行動、寸前で中止

争により、圧倒的な軍事力の差から攘夷の直接行動が困難なことをまざまざと見せつけられ、さらに八月一八日の政変によって過激派公卿が京都から追放され、攘夷の直接行動の無謀さがはっきりし始めた状況であった。一〇月末には尾高長七郎が京から戻り、京の情勢と天誅組の変の失敗を語って、高崎城乗っ取り計画を止めに入ったので寸前で中止されたのであった。

一般的に「下手計村や血洗島村など岡部藩領の農民大多数の人は、勤皇・攘夷論、ひいては倒幕というような、革新思想に酔う者は極めて少数であった」（『追補編』）と言われている。事実、天保年間の入間郡に発した窮民暴動は岡部藩近くまでは及ばなかった。渋沢らの攘夷行動は同士六九名と言われるが、渋沢・尾高両家以外の地元の農村青年はほとんど参加していない（同前）。

身分制社会への怒り

以上のように、比較的安定した農村の中で幕末に急成長した渋沢一族は広範な経済活動を背景にして上昇志向を持ち、一族の次世代に学問や教育を身につけさせ、それによって社会変革活動に目覚めていったのであった。そして、栄一にとって

は父親の名代で出頭した岡部で代官からの一方的な要求に黙って従うことを強要されたことが、身分制社会のさまざまな矛盾に対して怒りを爆発させ、変革への行動に邁進《まいしん》する発火点となった。この時に実力や能力のあるものが誰でも世に出られる社会にすべきであると強く考えるようになったと、その後栄一が生涯にわたってよく言及したが、まさにターニングポイントであった。

父の死

血洗島で過ごした栄一の青少年期では、やはり父親の影響が計り知れず大きいように思われる。父・美雅は渋沢が大蔵省出仕中の一八七一(明治四)年の暮れ近くに亡くなった。一一月一三日に危篤となり、渋沢は一五日に出張先の大阪から帰った時にその知らせに接し、翌朝井上馨大蔵大輔へ出張報告をして帰省の許可をもらい、その日のうちに血洗島に戻っている。美雅は二二日に永眠し、栄一が葬儀等を済ませて東京へ戻ったのは一二月初旬であった。第一国立銀行の設立準備等で忙殺されていた時期に三週間近く東京を空けたのであった。その後の活路は栄一が自ら切り開いたものとはいえ、施してもらった教育、商業体験、そして過激な志士としての行動に対する一定の理解など、父なくしては形作られなかった人格であった。

2　一橋家の家臣になる

京へ旅立つ

挙兵計画を中止したものの、栄一は捕縛される恐れが高く、それから逃れるために共に行動した渋沢喜作とともに家を出ることにした。あれこれ考えをめぐらし、かつて江戸に学んだときに知遇を得て仕官を進められていた一橋家の用人《ようにん》・平岡円四郎を訪ね、京に滞在して留守の平岡宅で円四郎家来という名目をもらい、一八六三（文久三）一一月一四日、京へ旅立った。

そもそも栄一は平岡円四郎には一橋家家臣・川村恵十郎から引き合わされていた。川村は甲州駒根木の関守の家に生まれながら家臣に取り立てられていた。前年に一橋慶喜が将軍後見職となり、政治の中心に躍り出た一橋家は有為な人材を広く求めていたと思われる（山本七平『渋沢栄一　近代の創造』）。

とはいえ、栄一は京ですぐさま一橋家に仕官を求めたわけではなかった。諸国から集まってきた志士らと情勢や行動について意見を交わしたが大した成果を上げられぬ中、目的を見失っていった。そのような状態が二カ月ほど続くが、関東に留まっていた尾高長七郎が幕府に捕縛されたことがわかり、同時に一橋家にも渋沢ら両人の嫌疑の問い合わせが来た。

一橋家の家臣に

平岡は旗本の家に生まれ、若い頃から藤田東湖や川路聖謨《としあきら》に評価されて推薦を受け、一橋慶喜に仕えた身であった。そのような境遇にあったこともあって渋沢らを評価していたようであり、軽輩から始める覚悟があれば、と誘いの手を差し伸べてくれた。当時の一橋慶喜は朝廷から参預に取り立てられるなど独自の政治的立場にあったとはいえ、徳川家に連なる家柄であり、喜作と二人でその話を受けるべきか相当に悩んでいる。

しかしながら自らに降りかかる嫌疑から逃れ、獄につながれた長七郎を救出するためには武士身分となることが必要と考え、同時に攘夷の直接行動の無謀さもわかってきており、現実的な選択としてこれを受け入れることに決めている。栄一は一橋家の家臣になることを自らに納得させる理屈付けとして、一橋慶喜が尊皇の家である水戸家の出であり、朝廷より禁裏御守衛に任じられていることから、今後も幕府本体とは離れた対応を求め、そのための実力ある人材の登用を進言するなどしている。

栄一の仕官は軽輩から始まったが、すぐに一橋家の対外折衝を担う「御用談所」で働く「下役」に取り立てられる。薩摩藩の動向を探るために幕府から摂海防御砲台築造御用掛に任じられた同藩の折田要蔵に弟子入りして、その内情を探る任務についたりもしている。

平岡円四郎の下で

当時の一橋家の家臣団は、家老は幕府内で大目付や奉行を務めた人間がその後に転じてきており、お飾り的な存在であった。江戸と京都に三人ずつ配された用人が実質的な政務執行者であった。

京都には老齢の成田藤次郎と幕府の目付から転じてきた黒川嘉兵衛がいたが、平岡が秀でていた。平岡はこれに先立つ将軍継嗣問題でも越前の橋本左内らと連絡を取り、慶喜の擁立に尽力したが敗れて左遷された。しかし、一八六二年の慶喜の将軍後見職就任後に一橋家に復帰し用人となった。慶喜上洛後、側用人番頭、家老と駆け上がり、慶喜の政治活動の実働部隊の一人であった。渋沢はこの平岡に見出され、その手足となって働き、農民出にもかかわらず一橋家内で急速な出世をしていった。

平岡から次に与えられた職務は関東に下って一橋家に有用な人材を発掘してくる「関東人選御用」であった。渋沢は千葉道場の塾生等を頼りにしていたが、水戸の天狗党の乱等に加わって四散しており叶わなかった。それでも五〇人近くを一橋領内から京に連れ帰っている。

平岡の死と職務への失望

渋沢が関東に滞在中、平岡が水戸藩士によって斬殺された。渋沢は大いにショックを受けたようであった。渋沢を誰よりも評価してくれたのが平岡であり、一橋家内で後ろ盾を失ったように感じたこと、同時に後を引き継いだ黒川嘉兵衛に対する評価が平岡ほど高くなかったことによると思われる。黒川はペリー米航時の浦賀奉行支配組頭であり、一八六三年の慶喜上京時前後に一橋家付に転じてすぐに用人格となり、平岡死後に用人筆頭に昇格している。その後しばらくして慶喜の信任を失っているようで、渋沢も割り切って職務を務めるようになった（『雨夜譚』）。

渋沢は黒川のそばにあって順調に出世し、各藩との交際にあたり常に黒川に随行するようになる。しかし、渋沢はそれらの仕事が意味のない面白くないものと感じるようになっていた。混沌とする政治情勢の中、一橋家と行きかう各藩家老格との交流からは何も得るものはないと失望する一方であった。

農村の仕事に活路を

渋沢が職務上、活路を見出し、才能を発揮していったのは、やはり自らの出自でもある農村に立脚した仕事であった。慶喜に直接進言して、政治的な発言力の拠り所となる軍備として近代的な歩兵隊を備えるために、関西に点在する自領の農村から志願兵を募集した。さらに領内に産する木綿や硝石などの商品作物類の栽培や製造を奨励し、同時に藩札の発行と流通によって現金化して、さらにその運用益を得ることを立案・実行していく。まさにこのような仕事こそ、武家出身者では差配できないことであった。領地としての農村に潜在する人材と、そこで展開される新たな貨幣経済に精通している者しか対処できないことであった。そして渋沢の能力はそれに十分応えるものだったのである。

特に渋沢は血洗島での新たな産業振興と商品流通の経験を最大限に活かして、来たるべき近代社会にとって産業育成と貨幣流通がいかに重要かを実感し始めていた。これらの進言と実行が認められて、渋沢は一八六五年に「勘定組頭」に取り立てられていく。この時の成功体験が、後述するパリ万博参加時の独自の問題関心に大いにつながっていったと言えるだろう。

一橋慶喜の側近に

これらの実績から一八六六年になると渋沢自身は「御使番格」に昇格したが、用人筆頭は黒川から原市之進に交代していた。渋沢は原と以前より懇意にしていてその才能を高く評価し、慶喜の取るべき道について腹蔵なく意見を具申できる関係を築いていた。渋沢は慶喜が旧弊の目立つ旧体制の将軍職に就くことに反対であり、関西に一〇〇万石程度の所領を構えて朝廷に対して経済的・軍事的に十分優位に立てる基盤をもった徳川体制の新たな担い手となるべきと考えていた。原も同様の考えをもち、慶喜に伝えたが受け入れられなかった。

この渋沢の考えは、翌年に生じる島津、山内、伊達、松平春嶽による四侯会議体制や、さらに大政奉還後に模索された列藩会議体制のことを考えると十分に現実妥当性をもつものだったかもしれない。慶喜は宗家を相続しながらも将軍に就かない道を模索するが、幕僚に取り込まれて最後の将軍の座に就くこととなった。歴史に「もし」はないのではあるが、慶喜が渋沢の考えを受け入れていれば、幕府と徳川将軍家に向けられた薩長の武力倒幕路線のターゲットを分散・回避させ、薩長が土佐や越前などの公議政体派を簡単に押さえ込むことにけならなかったかもしれない。いずれにせよ、次の時代を切り開く若い部下を十分に育成し活用できなかった点は大きなマイナスであった。

とにかく渋沢は、慶喜の将軍家相続に絶望的なほどの失望を感じたのであった。それは英明と信じてつき従った慶喜のこの決断に対する失望と、自らの目指していた方向とはまったく逆方向にわが身を置くことになる絶望の両面を意味したと思われる。さらに幕臣となることで、慶喜に直接対面できないお目見え以下の身分に落ちて、慶喜に意見を具申することさえもできなくなり、得意とした勘定方の仕事からも引き離され、まさに閉塞感に覆いつくされたのであった。

3　パリ万国博覧会への参加

徳川昭武に随行して

一八六七(慶応三)年に開催されるパリ万国博覧会に対して、フランス駐日公使レオン・ロッシュを通じて日本からの出品と将軍親族の派遣が求められた。慶喜はたびたびロッシュを引見しており、軍事面においても経済面においてもフランスへの期待は高かった。慶喜の弟、昭武(水戸藩主徳川斉昭の第一八男、当時一四歳)が選ばれたのは、ナポレオン三世の皇太子と年が近いことと、西欧の文物制度に関心の高かった慶喜が親族に直接西欧で学んだ者が必要と考えたからと思われる。生家・水戸家中の反対は強かったが、慶喜は昭武を清水家の養子に入れて生家と引き離してまで実現にこだわった。

随行に渋沢が選ばれたのは慶喜の意思によるもののようで、数少ない供の者の中に経済がわかり順応性の高い渋沢がいることが不可欠と考えたことによるのだろう。渋沢は原から随行を打診されると即座に承知している。いかに幕府の置かれた現状が道の開けるものではなく、なおかつ西欧新知識を学ぶ機会があるならばぜひものにすべきことをよく理解していたと言えよう。

総勢二〇余名

随行は総勢二〇名余であり、全権公使兼駐仏公使・向山隼人正《むこうやまはやとのしょう》一履、御傅役《おもり》に山高石見守信雄(帰国後は大蔵省に出仕し、その後長らく日本の博物館行政に携わる)、それに渡欧二度目の杉浦愛蔵が随行した(杉浦は帰国後に民部省に出仕し、駅逓制正を務めるなどして郵便制度や富岡製糸場の建設に貢献した)。渋沢は庶務・会計係を担当する「御勘定役、陸軍附調役」であった。翻訳方として箕作《みつくり》貞一郎(麟祥)が加わったが、帰国後、新政府にあってフランス法典等を翻訳し、日本の成文法の起草に大きく貢献した。医師としては高松凌雲が随行し、帰国後戊辰戦争の続く箱館(函館)で両軍兵士を救護し、赤十字活動の端緒を作った。

664 THE ILLUSTRATED LONDON NEWS

THE BROTHER OF THE TYCOON.

PRINCE TOKUGAWA MINBUTAIHO, BROTHER OF THE TYCOON OF JAPAN.

徳川昭武 (『ザ・イラストレイテッド・ロンドン・ニュース』1867年12月21日)

また補佐役として栗本鋤雲《じょうん》も随行し、その後向山に代わって第二代の駐仏公使として滞在した。栗本は維新後、新政府からの誘いを断り、『郵便報知新聞』の主筆として言論界に身を置いた。博覧会への出品は瑞穂屋清水卯三郎が担当した(卯三郎はこの機会を生かして

パリ万博使節団一行　中央に徳川昭武，渋沢は後列左端

印刷機をはじめとする輸入商として成功する)。これらのメンバーは将軍の実弟派遣にふさわしく欧米新知識を吸収して、その後も活躍する人材が多く含まれていた。一方で水戸藩から小姓七名が加わっており、彼らは日本での生活様式、帯刀による警護スタイルをそのまま現地で遂行し続ける守旧派であった。

一月一一日に横浜をフランス郵船アルへー号(一五〇〇トン)で出航し、五九日かかって二月二九日にフランスのマルセーユ港に到着している。その間一行は上海、香港に寄港し、同地で一回り大きなアンペラトリース号に乗り換え、サイゴン、シンガポール、スリランカ、アデンと立ち寄り、スエズで下船する。アレキサンドリアまで汽車で移動し、その後、再び船に乗り地中海を横断してマルセーユに至る行程であった。

最初の寄港地、上海で居留地内のガス燈や電線が架設された西欧式の町並みに驚いている。その一方で「支那従来の街衢《がいく》は狭隘に而《て》甚汚穢を究む就中《なかんずく》上海城という城中の市街は酒肆《しゅし》肉舗の類の多ければ、臭気堪難し土人は陋劣に而然も浮薄の体あり、非人乞食の類多し、本邦の政態も一斑を見て推計るべきを覚う」と述べているように、旧市街の狭い道路と不潔で悪臭のする街路を往来するたくさんの貧しき人々にも言及している（『渋沢栄一伝記資料』（以下、『伝記資料』と略す）第一巻、『青淵回顧録』）。そして西洋人が牛馬のごとく中国人を使役する有様を目の当たりにして、文化文明の開きの恐ろしさを実感している。その後に立ち寄ったアジアの港町の見聞ではさらに「未開」の現地人と支配する西欧人の格差の大きさを述べている。

寄港地での見聞

また、掘削中のスエズ運河を間近に見て、その「成功の後は、東西洋直行の濤路《とうろ》を開き、西人東洋の声息を快通し、商貨を運輸する。その便利昔日に幾倍するを知らずといえり。総て西人の事を興す。独一身一箇の為にせず。多くは全国全洲の鴻益を謀る。その規模の遠大にして、目途の宏壮なる、なお感ずべし」と記している。藍の広域な商売に従事していた渋沢には水路の重要性は十分にわかっていたわけだが、その目を見張るほどの規模と公益性の高さに大いに驚愕している（『伝記資料』第一巻所収『航西日記』）。

この派遣団での渋沢の実際上の職務は「書記と会計とを兼ねての職掌」であり、日本へ送る文書の作成と物品購入、経費管理を一手に担当した。そのためにフランス語を学習し、「簡易の日用語ぐらいは片言なりとも出来るようにな」り、「買物にいっても、まず半分は手真似で用が弁ずるほどになって来た」と記している（『雨夜譚』）。

現地での一行の主な行動は、ナポレオン三世との謁見や儀礼行事、博覧会参加、そして欧州各地の視察であった。晩餐会や舞踏会、オペラ鑑賞をはじめとする各国の王族などとの社交の場に参加している。

万国博覧会の意義

博覧会は四二カ国が参加し、出品者六万人、出品物は二万八〇〇〇トンに及ぶといわれ、電信、電送、灯台、水圧式エレベーター、蒸気動力による織機等の機械類、最新の大砲、水雷火（触発機雷）、探照灯などが一行の目にとまっている。約七カ月間の会期中に一五〇〇万人が来場したと言われている。

日本からも漆器、衣服、陶器、金工品、武器、鉱物、日本画など一五七箱が持ち込まれ、その中でも養蚕、漆器、工芸品、和紙などに第一等の大賞牌が贈られる評価を得た。同時に会場内に日本茶屋が設けられ、三人の芸者がさまざまな実演をし、評判を呼んだ。

渋沢の日記には詳細な見聞が記されているが、特に会場に展示された蒸気機関を用いた各種の機械や最新の軍備、さまざまな貨幣、高度な科学技術に基づいた工芸、芸術作品についての

パリ万国博覧会表彰式

記述が詳しい。園芸や風俗、農業等についても多くの展示があったようだが、渋沢の興味関心は世界中から収集された珍品類に対してではなく、先に記した通り近代科学文明に基づくものにあった。血洗島と一橋家で手腕を発揮した貨幣経済や産業振興に関わる領域への関心が高いことがよくわかる。

また栄一は、万国博覧会の意義について興味深い記述を残している。

「今茲《ここ》の博覧会においては、新たに発明せるものの励みなり。力を戮《りく》する時は、大業をもなすべき理を示し、貿易の自在をあらわし、各国人民の経済の道を示し、量尺貨幣等一致せば、各国の都合となるべき筋を了解せしめ、且又《かつまた》各国の間に相忌《あいいみ》相悪《あいにくむ》の念を消し相敬し相愛するの意を生ぜしめ、爰《ここ》に来観するもの、この国革命の際、大乱ありしことをば打ち忘れて、即今太平の楽化盛んに風俗美なるを驚くなるべし」(『航西日記』)

欧米近代社会が最新の軍備や機械を競い合い、戦火をともないながらも経済のインフラを共有することで発展していることをよく見抜いており、その後の渋沢の行動の基軸となるような文明理解がよくあらわれている。

ヨーロッパ各国を視察

一行は夏頃まで博覧会関係の行事をこなし、秋以降欧州各国の視察をおこなっている。一八六七年八月から一二月にかけてスイス、オランダ、ベルギー、イタリア、イギリスとそれぞれ一、二週間の行程を組んで歴訪している。八月からスイスを訪問し、ベルン、ジュネーブなどを訪れ、大統領との謁見、軍事演習や時計工場などを見学している。一〇日ほどスイスに滞在し、オランダに向かった。ハーグで国王と謁見し、アムステルダムではシーボルトの日本コレクションを見学している。移動を含めて一〇日ほどの行程であった。

各国歴訪で見学として用意されたものは、近代的な軍隊の軍事教練や大砲をはじめとする銃砲の威力とその製造力を誇示するものすなわち兵器工場、製鉄所、ドック等が多かった。特にベルギーでは陸軍学校、砲台、各種武器弾薬製造工場等を、さらにその基幹とも言える製鉄所を見学している。近代社会というものが鉄と銃砲に基づいた軍事力の対抗とバランスのもとに成り立っていることを、嫌というほど見せつけられたことだろう。

しかし同時に、国王レオポルド一世がガラスや製鉄などの工業製品の品質等に詳しく、国産品の売り込みを図るような場面を目の当たりにして、国家の為政者が自国のセールスをするとは、と東洋との価値観の相違を鋭く見抜いている。栄一はこれらの視察へ随行する中で、鉄を用いた近代的な製造力を身につけることが近代国家として不可欠なことを肌で感じた。

西欧新知識の受容

パリを起点にスイスやオランダ、イタリアなどには鉄道で移動した。「国家というものは、かくの如く交通の便が備わらでは国運の進歩発展を図ることか出来ぬと何も知らぬ自分さえ強き感覚を惹起した」(『伝記資料』第一巻)と後に回顧するように、各地の鉄道会社の設立に数多く関わった原点はやはり、鉄道によって結ばれた欧州全体の発展を実感したからであろう。

もう一点、渋沢が欧州滞在からその後の人生に強く心に誓ったことがある。

「自分は知恵もなければ学問も無い。色々の変化に遭遇して最早政治界に立つべき念慮も無い、されば云うて家に帰って百姓をするのも残念である、それ以外に何か国の為に尽くすことが出来そうなものではないかという所から……各人その能力知識に依ってその職分を尽くす、この風習を日本に移すことに努力してみたいと私はその時に深く覚悟したのです」(『伝記資料』第一巻、一九二九年の新年所感)

渋沢は、早い時期に西欧新知識を受容した貴重な日本人の一人だったが、同時期の洋行体験者たちは限られた日常的経験からのみでも「共和政治」といった欧米の政治制度に大きな影響を受けたと言われている(松沢弘陽『近代日本の形成と西洋経験』)。しかしながら渋沢は他の洋行者たちと違って、もっぱら商工業者の地位や銀行や鉄鋼業など幅広く近代産業やビジネスの実務に興味を持って新知識を摂取した。その背景は青年期から商いに携わった経験と、この文面に表れているように攘夷の無謀さや幕藩体制の旧弊を知り、政治への興味を失っていたこともあったと思われる。

後に株式会社制度を意味する合本組織についても学んだと述べたことが時たまあるが、その仕組みについて直接学ぶ場面があったかどうかははっきりしない。しかしながら滞在経費の出納や為替の利用等で銀行を実際に使う場面が多々あり、大規模かつ大資本によって紙幣、帳簿、証券等といった近代的な銀行業のある種の完成された制度・組織を肌身で感じ取った可能性は高い。

また、渋沢と杉浦の共同日記となっている『航西日記』の記述に、万博に出席するためにパリに来訪したロシア皇帝のための競馬競技会でロシア皇帝が得た賞金一〇万フランをパリの「貧院」にそのまま寄付したことが記されており、これは渋沢の後年の社会事業支援のきっかけとなったかもしれない。

帰国の途へ

この頃からフランス政府の幕府に対するスタンスの変化があらわれ始め、同時に滞在経費が早くも底をつきかけており、幕府の軍艦の建造を依頼したオランダ商事会社から借入れを組んで何とか先の滞在費を工面している。これらの情勢変化もあってその後、目的は昭武の留学に絞られ、随行員のうち向山と箕作貞一郎、日比野清作、それに水戸藩から遣わされた七名中四名は一八六七年一二月末で帰国となった。残ったのは水戸から遣わされた身辺警護の小姓たちのうち、昭武の留学生活に合わせて洋装脱刀に応じた者たちであった。さらに山高も昭武の御傅役を免ぜられて帰国の途に就き、最後は昭武と渋沢と留学生の小出湧之助、水戸から派遣された菊池・三輪の計五名という小所帯となった。栄一は翌一八六八年二月に「外国奉行支配調役」に任ぜられ、栗本駐仏公使の業務をサポートしつつ、昭武一行の事務全般を見ていた(『伝記資料』第一巻)。

一八六八年のはじめには、幕府の瓦解を現地の新聞で知るようになり、渋沢は送金の途絶えた英仏に滞在中の幕府留学生を昭武の滞在経費の節約分から工面して帰国させている。新政府からの正式な帰国命令書も届くが、渋沢は昭武をなるべく長くフランスで勉強させたいと考えていた。しかし、昭武の水戸家の相続が決まったという報に接して帰国を決意した。この年の終わり近く、出発から二年弱で帰国することになった。

4 静岡藩・新政府へ出仕

再び慶喜のもとで

帰国した渋沢は「何一つ学び得たこともなく、空しく目的を失って帰国したまでの事」と述べていることからわかるように、先行きに対して積極的な展望をもちえないでいた(『伝記資料』第二巻)。

帰国した時点で榎本武揚らがいまだ箱館に立てこもって抗戦していたが、それに対して渋沢は、その戦略のなさを指摘して幻滅している。すなわち、圧倒的な海軍力があるにもかかわらずそれを機動的に用いて新政府に揺さぶりをかけるわけでもなく、また従兄の喜作を含めて箱館にこもるのはいわば「烏合の衆」とも言えるさまざまな立場の人々であり、とうてい新政府への抵抗勢力になりえないと判断していた。

当然箱館に合流する選択肢はなく、新政府に対しても愉快な思いはなく、自ら任官を望まなかった。また昭武に水戸で仕えてほしいと望まれたが、新政府からあらぬ疑いをかけられることを恐れてその道も選択しなかった。このような選択の消去によって「当初の素志ではないにもせよ、一旦は前君公の恩遇を受けた身に相違ないから、むしろ駿河にいって一生を送ることにしよう」と述べているように、静岡に蟄居する慶喜のそばで独自に生計を立てる道を模索しながら前主君を見守りたいという気持ちがもっとも強かったようである（同前、『雨夜譚』）。

しかし、この気持ちというのもよく考えると不思議である。慶喜の将軍職相続に強く反対し、その選択をした慶喜に対して最大の失望を表した渋沢がなぜ再び慶喜に対する忠義心を優先させたのか。農民という物言えぬ立場から一時とはいえ、政治の中心で自らの能力を最大限に試すことのできる場を与えてくれた主君であったからかもしれない。そして同時に政治が大きく動く激動期にあって、何よりも討幕を優先させて権力闘争を勝ち抜いた薩長に対してシンパシーを感じることができず、かといって新たな価値基準を見出せないでいた渋沢にとっては、必要以上に打倒すべきターゲットとされた慶喜に対する憐憫と、だからこそ忠誠を尽くすべきとの情が、何よりも優先された結果のように感じられる。

新政府は徳川家の存続を認め、駿府七〇万石を田安亀之助改め、徳川家達《いえさと》が相続することとなった。栄一は静岡に出向き慶喜の直接の指図で藩の勘定組頭に命じられるものの、新政府の意向次第で静岡藩そのものの先行きがどうなるかわからない中、栄一にとってこれが最善の選択とは感じられなかった。

商法会所の設置

要請を受けたものの行政職として働く気のない渋沢はそれを断り、後に静岡商法会所をともに立ち上げた地元商人と関わることになった。新政府は勧業と収税を目的として一八六八(慶応四)年閏四月に商法司を設置し、各地で地元の豪商を元締めに任じ、商家の連絡・統制を目的とした商法会所の設置をはかっていた。そのもっとも重要な役割は不換紙幣である太政官札を流通させることであった。渋沢は自らの仕事として、青少年期から痛感していた「官尊民卑」の悪弊を正すべきであり、そのためには民業を発展させるべきとおぼろげながら考えていた。同時に豪商のような一部の大商人だけが金持ちにならないよう、「共力合本」すなわち、合本組織での経済人の取組みを思い描いていた。この商法会所がこのような思いを実現できる取組みと考え、同時に旧幕臣の受け皿としての静岡藩が経済的な基盤をもつことで新政府に対してある程度の分権を勝ち得ることができるとも考え、自らの働き場と定めたのであった。そしてこれに取り組むために「静岡藩勘定組頭、勘定組頭支配　同組頭格御勝手懸利、中老手附」への任命を受けた。

大黒屋六右衛門商店を地元商人の窓口として、藩では勘定頭で京都時代の陸軍奉行支配調役時代に上役の歩兵頭であって旧知の平岡(四郎)準蔵らを相談役として静岡商法会所の設立をはかっていった(静岡商法会所に関しては佐々木聡「渋沢栄一と静岡商法会所」が詳しい)。政府からの借用金札である太政官札二六万両(正金換算)と同規模の資金を民間から集めたかったようだが、結果として一八六九(明治二)年一月に一万六〇〇〇両の藩出資と一万八〇〇〇両の士民出資を得て総額二九万五〇〇〇両の静岡商法会所が設立された。会所の代表には御勘定組頭・平岡と小栗尚介、頭取格に勘定組頭格の渋沢、御用達に一二名の商人が入って発足した(佐々木聡)。

軌道に乗り始めた新事業

業務内容は、商品抵当の貸付金や定期当座の預り金といった金融業務、京阪地方で仕入れた米穀肥料等の藩内での売却や、村への貸与などであった。三井組の三野村利左衛門を通じて太政官札を銀貨などの正金に交換し、物品を購入し販売した。買い入れたのは全国各地から米穀、茶、蚕卵紙、繭、水油(なたね油などの灯油)、塩、砂糖、半紙、下駄、鼻緒、干鰯《ほしか》・油粕・〆粕・糠などの肥やし物、などのさまざまの商品であった。渋沢自身も東京へ〆粕・干鰯・油粕などを買付けに行ったことを後年記している(『伝記

栄一と三井組の人々　前列右が三野村利左衛門，その隣が栄一(1873 年)

資料』第二巻)。

また、静岡へ移住する幕臣に対して製茶や養蚕等への起業資金を貸し付けてもいる。「商会の事業は有利に進行し、応分の利益を収めるまでに運び、また市内でも預金するものなどが追々増加し、世人もその利便を感じ、やや当初の目的を達するようになって来た」と、後に自ら述べている(『伝記資料』第二巻)。一年に満たない期間に八万五〇〇〇両の利益を上げており、これは総資本利益率にして二九%にのぼり、現代と単純に比較できないものの、十分な成果と言えよう。明治二年春には一八五八(安政五)年に結婚した妻・千代と長女・歌子、尾高惇忠や後に渋沢家の秘書役を務めた芝崎確次郎らの同郷人を静岡に呼びよせており、その点からも事業が軌道に乗り始めていたことがうかがえる。

しかし、同年四月に新政府は紙幣と正金との差額による商売を規制したため、同会所は豪農二名を加えて米穀の安定供給を業務に加える改変をして、名称も「常平倉《じょうへいそう》」と改めた。また、御用達商人の中には私腹を肥やす行為をはたらく者が出たりといったトラブルも生じた。そしてその後一八七二(明治五)年七月、業務を静岡県に引き渡して廃止され、さらにその後は関与していた商人二名が三井組に入社し、業務も三井組にゆだねられていった。

このように静岡商法会所は短期間の存続とはいえ一定の成果を出すことができた。渋沢自身のその後の人生を考えても、ヨーロッパで聞きかじってきた「合本」という新知識を資本の面でも人材の面でも試すことができ、いいテストケースとなったと言えよう。さらに金融業や商品流通機能をビジネスとして実施し、不換紙幣の価値など近代的な貨幣経済と商品を通じた実体経済の有り様を体感することもできた。

近代的ビジネス以前の段階

しかしながら各地に作られた商法会所は一般的には不換紙幣の太政官札が流通しない環境の下、政費に使い込まれて商業資金として流通しないまま、失敗していくものが大半であったと言われている(高村直助編著『明治前期の日本経済』)。担い手も旧武士や商人たちであり、江戸時代の株仲間や国産会所とさほど変わらない体質であった。渋沢が成功できたのは不換紙幣を三井の三野村利左衛門の手を借りて裏付けのある銀貨等の正金に換金し、さらに積極的に商品売買に用いて経済物に置き換え、価値を確定していったところにあるだろう。

担い手が御用商人的な不正に対して鈍感な旧来型の商人層であり、権威意識の抜けない旧武士層の役人の干渉から距離を置かないビジネスではうまくいかないことも同時に学んでいる。また新しい人材を発掘してパートナーを組むことの重要さも学んだ経験であった。

さらに、一歩会社に近づいた形態といわれる通商会社や為替会社でさえも、運営上は完全な失敗と言われており、組織形態以上に政府からの自由や従来型の商人にはもち得なかった経営者能力の面で、近代的なビジネスの枠組みとしての会社が日本に理解・定着するにはもう少しの時間と準備が必要であった(J・ヒルシュマイヤー／由井常彦『日本の経営発展』、菅野和太郎『日本会社企業発生史の研究』)。

大蔵省租税正への抜擢

一八六九年の一〇月後半に藩庁に新政府太政官弁官から渋沢への召状が届き、不承不承東京へ出向く。太政官へ出頭すると大蔵省租税正へ任ずる宣旨を受ける。

この当時の大蔵省の要職は大蔵卿が伊達宗城《むねなり》、大蔵大輔に大隈重信、大蔵少輔に伊藤博文、大蔵大丞に井上馨であり、そうそうたるメンバーがそろっていた。推薦者は伊達宗城と郷純造であったと渋沢は後に聞かされているが、伊達は幕末にあって公武合体派で比較的幕府寄りであり、郷も軽輩とはいえ旧幕臣であった。彼らが旧幕臣の中で開明的な才能を積極的に新政府へ登用するよう働きかけたようである。拝命した租税正は渋沢自身、後の主税局長のようなものと説明しているように、抜擢人事とも言えるポストでの登用であった。しかし、渋沢は新政府要人に知己もなく、静岡での事業も比較的順調だったので断るつもりで大隈を訪ねたが、逆に「八百万の神達の一柱として」一緒に働いてほしいと説得されてしまう。

この経緯について渋沢自身は大隈の説得が理に適っていたことを挙げるのみだが、推測するに新政府内にあって薩長に対して劣勢の肥前(佐賀)出身の大隈には薩長出身外の渋沢の加担は心強く、相前後して静岡から前島密、赤松則良、杉浦愛蔵(渋沢と共に渡欧)、塩田三郎らが新設の大蔵省改正掛に登用されていることからも相当に熱心に勧誘したものと思われる。

大隈は一八六九年三月に会計官に就任し、全国財務の実権を握っていた。当初財政を担当したのは由利公正であったが、無防備に不換紙幣を大量に流通させて財政を混乱させていた。これに対して大隈が伊藤や井上らの長州閥と組み、木戸孝允を後ろ盾に急進的な改革と大蔵省への集権を進める維新官僚グループを形成し実権を握りつつあった(坂野潤治『未完の明治維新』、井上勝生『幕末・維新』)。そして同年六月の版籍奉還に引き続き職員令を発令し、松平慶永や伊達宗城といった一部の例外を除いて大名を主要な政治的ポストから外していった。

渋沢は大隈、井上らと静岡藩から見出されてきたメンバーとともに一二、三人の人員で構成される改正掛の掛長も兼任し、度量衡や租税制度の改正、駅伝法の改良、貨幣・禄制の改革、鉄道敷設、官庁建築まで次々と手がけていった。その規模は国家収入が一〇〇〇〜一五〇〇万円規模に対して、歳出が三〇〇〇万円規模とも言われる総花的な財政投入となった（『幕末・維新』）。

スピード出世と辞任

渋沢の地位は一八七〇年九月末に租税正として大蔵少丞に昇格し、翌年五月には大蔵権大丞になり、七月には権大丞として制度取調御用掛に任じられ、すぐに権大丞のまま枢密権大史に転任するというスピード出世であった。これに引き続き、彼を取り巻く大蔵省の人事は大きく変化していった。一八七一年の一一月から岩倉具視、木戸、大久保利通、伊藤らが大挙して欧米視察に出かけたのであった。相前後して伊達が大蔵卿を辞任し、大隈は参議に転身した。大久保が大蔵卿に就任するが留守となり、井上が大蔵大輔に着任して大蔵省の実権を握ったのであった。

ともに急進的な維新官僚グループであった大隈と井上は参議と大蔵省に分かれて対立を始めた。井上は膨張する財政に対して緊縮財政による財政均衡重視、同時に改革に消極的なスタンスをとった。大隈は留守政府の西郷隆盛、板垣退助、副島種臣、後藤象二郎、江藤新平らの土肥閥を中心としたメンバーとともに、緊縮財政路線の大蔵省を徹底的に攻撃したのであった。結果として井上と渋沢らは、一八七三年五月に予算編成権を大蔵省から正院に移す太政官潤飾に抗議するため辞任する。

その先の大蔵省を巡る財政主導権争いは、九月に岩倉使節団が帰国した後、征韓論によってさらに対立が深まり留守政府派が一斉に下野した。強大な権限を持つ内務省を新設した大久保が五代友厚と接近し、大蔵省の中心に座った大隈によって積極財政路線が敷かれて行った。一方、一八七五年の大阪会議前後に板垣派によって起草された人事案に井上内務卿、渋沢大蔵卿構想があったことが記録として残されている(『未完の明治維新』)。既に第一国立銀行頭取に就任していた立場でありながら、その財政手腕に対する高い評価があった事がうかがい知れる。

元勲たちの人物評

このように短期間の在職ではあったが、渋沢は薩長出身でないにもかかわらず、維新の元勲に次ぐ立場で重きをなした。維新の元勲たちをどのように見ていて、どのような立ち位置だったのかをもう少し検証してみたい。渋沢が後世に記したものの中に維新の元勲の人物評がたびたび登場する(『青淵回顧録』『論語講義』(1)(2))。

まず三条実美に関しては、「知力に秀で」「畧《はかり》のなかった人」「人間は正直」「至極温厚」「遠慮が勝ち」などの比較的好意的な評価が並びながら一般的にもよく評される通り、「決断力に欠くる」とリーダーとしての欠点をはっきりと指摘している。岩倉具視に関しては「才機縦横の傑物」「果断な人」と賛辞が多い。

維新の功労者の一人であろう勝海舟に関してはその才能や判断力を讃えながらも、大久保、西郷、木戸に比べて人間としての器が小さいことを述べ、同じ幕臣でありながら明治以降交流も頻繁でなかったことを告白している。旧来の幕臣以上に慶喜への思いをもち続けた渋沢と比べて、冷淡だった勝との違いがその根底にあるかも知れない（『青淵回顧録』）。西郷隆盛に関しては、慶喜を高く評価していた点に言及し、「不言実行的の人」である点や情を大事にした点によく言及している。

木戸孝允に対しては、「器の大きい……大人物」「調和性に富んで」「考えたり行ったりすることが組織的」「平和論者」「比較的敵が無かった」「尽忠憂国の立憲政治家」「よく言いよく行う人」「仁愛の方に傾かれたご仁」「下問を恥じずという徳を備えられた方であって、好んで人の言を容れられた」などの言葉が多く割かれ、極めて評価が高い。その一方で大久保利通に対しては「策略に富んだ人」と評価しつつも、陸海軍の経費問題で「ある時大久保公と衝突してからは……何となしに嫌いな人だと感じていた」「余の嫌いの人で、余は酷《ひど》く侯に嫌われた」と決定的ともいえる対立関係にあったことを隠さない。「自我の強い人」などの言葉も見え、「全く底の知れない人」と肯定的ではない人物評である。

このような木戸と大久保の評価は一般的には逆かも知れない。佐々木克によると、大久保こそが「部下を信じて任かす、従って組織の機能を最大限に活用しようとする」組織重視のタイプと評されている。その一方で木戸に対しては人としての孤独さを指摘し、同士との結合力の弱さを指摘している(佐々木克『志士と官僚』)。他の元勲からの両者の評価も一つだけ紹介しておこう。大隈が記した中に大久保に対して「頑固、剛情、才略に乏しい、強固なる執着心」と形容し、木戸は「詩的で感情的、穎敏、磊落な才子」とある。

大久保以上に渋沢からのマイナス評価がはっきりするのが江藤新平である。「自我の強い」「性急《せっかち》な人」「残忍に過ぐる方」「博覧強記」「独断専行」「一旦言い出したことは無理でも通し抜く人」「人の邪悪な点を看破するに努め」たと、これ以上ないほどの批判的な人物評が続く。留守政府時の江藤、使節団帰国後の大久保ら積極財政論者たちとの強烈な確執を想起させる。

積極財政路線と共に対峙した井上馨には「元来感情家」と言いつつも、やはり「機敏の人」「見識も高く」「磊落な」「人を用いるには、まずその人物の善悪正邪を識別するに努められ、それから後に用うべきを用いた」とプラス評価が高い。井上にはこの当時の尾去沢銅山事件や小野組転籍事件などの嫌疑で糾弾されたように、癒着や不正のうわさが絶えなかったにもかかわらずである。

不思議なのが大隈重信である。大久保と近く積極財政路線であったにもかかわらず、大久保や江藤に対するような厳しい言葉は並ばず、「誰でも引見して面談せらるる」「よく言うも言うたことをことごとく行うという人ではない」「人の言を聴くよりも、人に自己の言を聴かせる方であった」といった言及がある程度である。自らを大蔵省に引きこんだ恩義や第一国立銀行へ移籍したのちの銀行条例改正など、世話になった部分も多かったためとも言えるかもしれない。若いころの大隈は、実際には他人の意見を聞かず人を怒鳴りつけたりといった剛強で激烈な態度をたしなめられるほどでもあった。

逆に大隈は渋沢に対して、英雄でもなく豪傑でもなく、とにかく精力的によく働き情に脆い人であるところが長所であり美徳であると評している。さらに国家に対する真の親切心があり、それ故にさまざまな会社を世話していると述べている(立石駒吉『大隈伯社会観』)。

渋沢は自らが経験してきた財務の立場から健全財政主義を基本としたかもしれないが、同時に他人の意見によく耳を傾けず武力や権威を振りかざして自分本位に事を進めるタイプを好まなかったようである。

5 どのようにキャリアを形成したか

近代的知識を旺盛に吸収

以上、渋沢の実業界入り以前の、生い立ちから数奇な経験を積み重ねた青年期をたどってみた。農民、商人、武士、官僚とさまざまな立場で身分制社会の幕末から明治維新の激動期を、よくぞ命を落とすことなく生き抜いたものである。渋沢の青年期はどう評するべきなのだろうか。

新たな商品作物による新市場開拓によって村内における地位を一気に高めた家に生まれた。その財力に基づく高い教養と広い行動範囲を得て、直接的な政治行動に挫折しても次を切り開くすべを持っていた。保守的な武家出身者ではもち得ない能力を幕末の京都という特殊な政治空間において十二分に発揮することができ、旧弊に覆われた幕藩体制にはめ込まれてもすぐさまフランスへ脱出する機会を得た。他の派遣メンバーと比してもそれまでの経験があったからこそ、ただ一人経済を中心とした近代社会の要素を次々と吸収していった。帰国後もすぐさま新たな政治状況に取り込まれつつ、自らのはまり場所を自ら作り出しながら着地点を用意していった。

経済活動で才能を発揮

これまで紹介してきた活動からわかるように、挫折は主に政治思想やそれに基づく行動であろう。反封建、反権力の行動に対して、たびたび挫折や時として日和見、転向とも言える行動選択を迫られている。それに対して活路を見出したのは常に経済活動に関わる行動であった。その才能が経済活動において他に比類なき才能を発揮し、自らも手ごたえややりがいを大いに感じた。武士身分や官僚としてその能力を十二分に発揮できたのは経済実務担当としてであった。

ある種の経済合理性や計数感覚をベースとして、さらに信頼できる人間関係を築いてお互いを認め合う「人情」を加味して物事を進める行為を得意とした。その一方で権威に立ち向かい、他者との微妙な駆け引きや感情のぶつかり合い、時として偶然性によって思わぬ方向へ進む権力闘争は肌が合わなかった。

それらが交互にあらわれ、不得意・不本意な政治行動を行動力あふれる経済活動で挽回して評価を高めていったキャリア形成期であった。家庭環境、立地、チャンスなどに恵まれ、同時に従来通りの発想では対処し切れない数々の局面を的確な判断で乗り越えていった。このように、さまざまな経験を通じて自らの能力を最も発揮できる場を見出していった人物が極めてまれなことは確かであろう。

第二章　明治実業界のリーダー
――開かれた経済の仕組みづくり

第一国立銀行時代の栄一(1883 年頃)

1　第一国立銀行を創設

渋沢栄一が官界を退いて実業界に転身する経緯を知るためには、やはりもう少し官界時代の紹介を続けなければならない。つまり、官界にあって第一国立銀行の設立を主導し、転身と同時に第一国立銀行に移籍したからである。この点はその後、長らく続く実業界での膨大な数の株式会社の設立と運営の原点とも言える重要なポイントを含んでいる。

株式会社設立と運営の原点

第一国立銀行は事実上、三井組の力を頼りに設立されており、渋沢と三井組の双方の思惑は激しく交錯しながら設立に至ったことが見て取れる。大きく言って、三井組単独の銀行設立の誘導と不許可、小野組と合同での銀行設立への誘導、三井組ハウスの第一国立銀行への譲渡と三つの局面での軋轢《あつれき》があった。渋沢・三井組双方の資料をできるだけ公平に扱いながら、その経緯を見ていくこととしたい。

明治新政府は財政窮乏と殖産興業のために不換紙幣を発行したが、価値の減価から来る流通不振、国際的な信用問題など多くの問題を抱えていた。同時に発行された金札を民間に貸し付ける商法会所や為替会社などの銀行的な機能をもった民間組織の設立を後押ししたが、政府の介入過多、担った商人たちの知識や経験のなさから、なかなかうまくいかなかった。

政府は局面を打開するために一八七〇(明治三)年一一月初めに伊藤博文、芳川顕正、福地源一郎ら二一名を国立銀行制度調査のために渡米させた。彼らの帰国は一八七一(明治四)年五月だが、それに先立ち、一八七〇年一二月末には、金本位制度の確立、金札引換交換証書の発行、紙幣発行会社の設立を基本とする建議書がアメリカから送付され、翌七一年の二月上旬に日本に到着した。

この提案に沿って一八七一年五月に円を単位とする金(銀複)本位制の貨幣制度を定めた新貨条例が制定された。渋沢はその起草に携っている。この時期、渋沢は同時に、同年六月には合本主義、会社制度についての啓蒙的な著作『立会略則』を著している。彼は近代的な銀行業や会社制度の準備をし、欧米で見聞した知識を体系的にまとめることで、心境に大きな変化をきたした。自ら「民間に下って実業界の第一線に立とうと決心した」と述べるように大隈、伊藤らに政府からの辞意を伝えている。その後も断続的に辞意を示しながら慰留を受け入れる日々が続いた。

激しい対立

一方の三井組であるが、もともと三井組は三野村利左衛門の活躍によって幕府の市中御貸付金の取扱い、江戸銀座で金札の発行等の中心的な位置を占めていた。幕府の瓦解後は新政府が大量に持ち込んだ太政官札の江戸での流通を請け負って信用を得た。しかしながら三井組は幕末以降、幕府からの巨額御用金と幕末維新期の混乱の中での種々の貸付金の焦げ付きを抱える危機的状態でもあった。

三野村は打開のために東京の為替会社、通商会社の「総差配司」として実権を握り、さらには新政府の金融を司った通商司の中に三井組の御用所を「御為替方御用所」と称して置くほど新政府と親密な関係を築きあげていった。

その頃政府内は、不換紙幣である太政官札に代わって兌換紙幣を発行し、その原資を三井組を中心とした豪商らの資金に頼り、発券機能をもつ銀行の設立を進めることでは足並みを揃えていた。しかし、井上・渋沢らの主張する英国風の私立銀行制度と伊藤の主張する米国流の国立銀行制度の二つの意見が激しい対立を続けていた。

三井組側の資料によると、一八七一年六月五日に新貨条例に基づく地金の回収と新旧貨幣交換の用務を単独で請け負い、さらに「真成の銀行成立」、すなわち銀行設立の勧奨を得、それによって日本橋の海運橋際に四万八〇〇〇両とも言われる巨額の費用(新橋停車場が三万両弱)をかけて清水喜助の設計施工による西洋風五階建ての建物の建設に着手した（初田亨『東京　都市の明治』、一八七一年一一月に上棟式をとりおこなっている）。建築場所は前年一二月に三井組が新政府の資金調達の見返りに提供を受けた土地であった。

一八七一年七月には渋沢の起草に基づいた三井組による銀行設立と兌換券の発券が願い出られ、一旦は認可を得たのであった。しかしながら設立すべき銀行の方向性を異にする伊藤が激しく反対し、九月初めにはすぐさま白紙に戻されてしまう。急を要する兌換券の発行だけは為替座三井組の名義で実際に発行されたのであった。

半年近く続いた対立も一八七一年末にナショナルバンク制度の採用が決定し、年明けから渋沢を中心として国立銀行条例の起草に着手した。形態はいずれにせよ、三井組を中心にした銀行設立ということに変わりはなく、三井組に対して一八七一年末には子弟や手代を銀行業を学ばせるために米国に派遣することが実行された。

新たな貨幣金融モデル

少し遅れて一八七二年二月に小野組も銀行の設立を請願している。大蔵省の方針は合本による発券銀行の設立に傾いていき、一八七二年三〜五月頃には三井組と小野組に対して合同での銀行設立を投げかけている。渋沢が中心となって準備された国立銀行条例は、一八七二年六月に成案となり、同年一一月に制定された。政府が国立銀行の設立を主導したのは、民間資本で国立銀行を設立して兌換銀行券を発行させ、政府不換紙幣の回収をはかることが目的であった。資本金の六〇％を政府不換紙幣として大蔵省へ納入し、金札引換公債と引き換え、同額の国立銀行紙幣を受領した。残りの四〇％を金貨で払い込み正貨準備に充てさせた（神山恒雄「井上財政から大隈財政への転換」）。以上のように、伊藤らの米国派遣組と井上・渋沢らの残留組の間で英国流か米国流かの議論が交わされる中で、民間資金を活用しつつも特定商人に依存しすぎない新たな貨幣金融モデルの姿がだんだんと形になっていった。

政府の三つの要求

資金力をあてにされながらも独占的地位をもたせないとされた三井組であるが、変転著しい政治経済情勢の中で難しいかじ取りをこなしてきた三野村にとっては、三井組のビジネスモデル転換という失敗の許されない難局面に臨んでいるだけに、具体的に突きつけられた要求に対する一つ一つの判断は簡単ではなかった。この後、政府（渋沢）から三井組に対する要求が三つの点にわたって立て続けに突きつけられた。それは①越後屋呉服店の分離、②小野組と合同での銀行設立、③三井組ハウスの敷地建物の拠出要求、の三点であった。これらの点について少し詳しく見ていこう。

まず、第一の呉服店の分離であるが、一八七一年の九月には大久保・井上らから三野村に対し、銀行業開設にあたっては呉服業その他の業務に「三井」の名を使用しないように指示がなされ、翌年正月早々には三井組首脳一同に対し、呉服業分離の勧告がなされ、即答を求められたのであった。幕末から呉服業務は不振を極めており、これを分離することは十分受け入れる理由があり、架空の「三越」家を設けて東京・京都・大阪の各店舗を従来の筆頭重役に預け、三井組全体の中での位置づけは大きく下げる措置をとった。

第二は、三井組単独ではなく小野組と共同での銀行設立許可であった。当初は政府も三井組の巨大な資金力と信用に依拠した紙幣発行により、財政の立て直しをはかる方針であったが、伊藤案のナショナルバンク制度が採用され、さらに外的要因も加わって方針は三井組の描いたものと大きく異なっていった。一八七二年二月に、五代友厚を頼りに巻き返しを図る小野組による銀行設立願書が出され、四月には三井組・小野組両首脳が渋沢邸に招かれて両組合同による銀行設立方針が打診された。渋沢の自叙伝には「三井組、小野組は私の勧めに従って率先して発起人たる事を承諾し」と記されているが、当然のように両組からは強力な抵抗がなされた(『渋沢栄一　雨夜譚／渋沢栄一自叙伝〔抄〕』、『三井銀行八十年史』)。それに対して五月には官金取扱い業務の停止をほのめかすなどの強引、強圧的とも言える説得によって、六月には両組ともに国立銀行設立願書を提出せざるを得なくなった。

渋沢側の説明では合本の実現を強く意識した事が後年よく話され記されもしたが、当初は三井組単独の銀行設立、紙幣発行を推進していたので、渋沢側の説明は必ずしも正しくないかもしれない。国立銀行条例の起草過程で、発券をともなう新しい銀行に強い公共性・安全性をもたせ、公平・中立な運営を最重要視して『立会略則』で示した合本主義を取り入れる方向に変化していったと考える方が自然であろう。政府内も征韓論に代表される派閥争い、主導権争いが激しく、また経済面でも通商会社等に対する政府の過干渉とそれにともなう私的流用が横行した。運営に駆り出された商人たちも政治との癒着をぬぐえず、同時に当面の資金繰りに流用してすぐにたちゆかなくなるような近視眼的視点しかもち得なかった。財政・金融という国家基盤の形成に二度と失敗することはできない状況であり、三井組を頼りながらも妥協を許さぬ要求となっていったのだろう。

最後に突きつけられた難題は新生・三井組の象徴とも言うべき落成間もない三井組ハウスを第一国立銀行に譲渡せよとの強要であった。一八七二年七月末、紙幣頭芳川顕正と大蔵省の御雇い外国人シャンドは六月に竣工されたばかりの三井組ハウスを検分し、直後に三井組の為替方を廃止するなどの揺さぶりを掛けて、譲渡せざるを得ないように追い込んでいった。また、これに先立つ五月頃には銀行設立時に渋沢が指導役として入ることが想定されていたようである（『三井銀行八十年史』）。

以上のように三井組にとっては実に過酷な要求を次々突きつけられ断りようのない状況に追い込まれていったものの、三井組独自の銀行設立許可を内々に取り付け、工事費五万八〇〇〇円の三井組ハウスを一二万八〇〇〇円という高値で売却したりと、名を捨てて実を取った（『東京　都市の明治』、藤森照信『建築探偵の冒険・東京編』）。同時に政府に恩を売ることでさまざまな官金取扱いの特権を得る地位を保ち続けたのであった。

強引な「民」主導

『立会略則』で示した合本主義と財政再建策としての発券銀行設立が、一つの象徴形《シンボル》として、その姿形を含めて第一国立銀行に結実した。三野村という政府に近いところで存在を発揮する「番頭」が三井組の財力を統制しているのに対し、合本主義という多数の株主が出資し、シャンドによる複式簿記の導入と検査体制という近代的な仕組みを導入・運営する能力によって組織を統制すべき、と渋沢は考えたのだろう。渋沢自身の立ち位置も「民」主導、正確に言えば「官」だけではなし得ない経済の牽引を「民」にあって主導する立場に収斂していった。とはいえ、権力にひざまずかず、同時に財力にもひざまずかない地位の獲得を目指したにもかかわらず、その獲得の手法が半ば強引に政治的な権力をも行使してしか成し得なかったところに、その後の道のりの長さを感じさせる。

第一国立銀行

一八七二年九月には三井組と小野組の双方から頭取、取締役等を同数対等に出す人事が決定し、一一月一五日の国立銀行条例の公布後、「第一国立銀行株主募方布告」と書かれた小冊子を頒布し、同時に『東京日日新聞』にたびたび株式募集の公告を掲載した。

第一国立銀行開業

渋沢は一八七三年五月七日に井上とともに大蔵省に辞意の表明をして五月二三日に退官した。六月一一日に第一国立銀行創立総会を開催し、資本金は三井組と小野組がそれぞれ一〇〇万円ずつを出資し、一般からの四四万円余の出資を加えて二四四万円余で発足した。この時、渋沢から「別段の申合規則」が諮られ「毎事を監正するの役員」を置くことが決定された（『渋沢栄一　雨夜譚／渋沢栄一自叙伝〈抄〉』では「銀行当事者は渡りに舟とばかりに私に頭取就任を慫慂した」と表現されている）。この総監役は頭取以下諸役員に対する監督官であり、重役会議の議長になる地位であった。総会の翌日に契約が交わされ、渋沢が「総監役」に就任した。

七月二〇日に開業免状を得、八月一日に開業式をおこない正式に発足した。本店は三井組が銀行として建築していた旧三井組ハウスとし、大阪、神戸、横浜に支店を設けた。もちろん紙幣発行と普通銀行業務をおこなったが、大蔵省その他の官金出納事務が収益、業務とも大きな役割を占めた。

第一国立銀行紙幣一円札（表と裏）

しかし翌一八七四年一一月、小野組の破産に遭遇し、早々に危機を迎える。小野組は自家で取り扱う官金出納事務分の担保提出（取扱量の三分の二）の求めに応じることができずに破綻した。第一国立銀行から小野組に一三八万円余が貸し付けられていたが、渋沢の尽力によって保有する第一国立銀行の株券八四万円その他の資産を回収し、損失を最小限に留めた。

一八七五年一月には一〇〇万円を減資して重役を改選し、総監役を廃止して渋沢が頭取となった。続いて大蔵省官金出納事務取扱いが停止された。それに対して金禄公債証書を預かる「保護預品取扱手続き」、普通預金よりも金利を高く設定した「利倍定期預金規則」、生糸を担保に内外商に資金を貸し付けた「生糸荷為替」の開始などの商業銀行路線に移行をはかった。

改正国立銀行条例を公布　しかし、佐賀の乱や台湾出兵(ともに一八七四年)などが続いて物価が上昇して金融逼迫となり、銀行の正貨が流失して引替準備金の不足から紙幣発行中止へ追い込まれた。渋沢は紙幣頭の得能良介と交渉した結果、一八七六年八月に正貨による引替準備金から政府紙幣による準備金への緩和を内容とする改正国立銀行条例が公布された。すなわち発行紙幣は兌換紙幣ではなくなったが、秩禄処分によって下付された金禄公債証書によって銀行設立が可能となり、一八七九年二月の第百五十三国立銀行に至るまで多数の銀行が設立された。

明治一〇年代前半の銀行設立ブームに基づく好景気、その後の松方デフレ政策による不況期に中小銀行が破綻する中、第一国立銀行は米穀金融のための東北地方を中心にした支店網の拡大、朝鮮半島での業務拡大によって成長していった。

2　近代産業創出のシステムづくり

渋沢は銀行家として民間経済人のスタートを切ったわけだが、『第一銀行史』にも貸付先企業が不足で、渋沢は同時並行で貸付先となる企業を創出していかなければならなかったことが記されている。

貸付先企業の創出

渋沢によって草創期に創出された会社をいくつか紹介しておこう。王子製紙会社はその前身が一八七三（明治六）年に設立認可を得た抄紙会社であった。その翌年に渋沢は株主総会で事務担当に委託され、株主総代でもあった。一八七四年に東京会議所が東京市内にガス街燈を建設した事業は、一八八五年以降東京瓦斯会社となったが、渋沢は一八九三年から取締役会長となった。一八七五年には東京横浜間の鉄道の払い下げを受けた東京鉄道会社の設立を主導し、一八七六年には耐火煉瓦製造を始めた品川白煉瓦製造所にも関わった。さらに一八七九年の東京海上保険会社、一八八一年、東京から東北方面へ鉄道を敷いた日本鉄道会社、一八八二年の大阪紡績会社、共同運輸会社（前身、東京風帆船会社）など、次々と日本の経済近代化に必要な会社を設立していった（『第一銀行史』上巻）。

民間経済界の取りまとめ役

さまざまな会社を設立する一方で、民間経済界の啓蒙と取りまとめにも積極的に関与した。一八七六年の国立銀行条例の改正により、おびただしい数の国立銀行が日本中に設立された。渋沢は私立銀行も含めて銀行業者の教導と地位向上をはかるために、一八七七年に択善会と呼ばれる業界団体を組織し、毎月の例会の実施と会誌による同業者への新知識の啓蒙をはかった。その後、会は他の組織と統合して一八八〇年に東京銀行集会所となり、手形取引を奨励した。一八八七年には手形を売買する東京手形交換所を設立した。

もう一つの業界団体が東京会議所(当初の名前は東京営繕会議所)であった。松平定信が設けた江戸町会所、いわゆる七分積金の蓄積金(現金五五万円、土地一七〇〇カ所)を引き継いで、一八七二年に設立された。現在の日本商工会議所の前身である。東京府知事大久保一翁の要請によって渋沢はその取締に就任し、東京のインフラ整備(道路、橋梁、下水、ガス等)をおこなった。インフラは広く整備され、商業教育をおこなった東京商業学校、後の一橋大学(第五章参照)や社会福祉施設の養育院が設立された。一八七六年に共有金の残余財産を東京府に返還して解散したが、その中で商工業者の地位向上、民間における条約改正運動の代表機関として一八七八年に東京商法会議所が設立された。渋沢は会頭に選ばれ一九〇五年まで二七年間にわたって会頭職にあった(東京商工会議所編『渋沢栄一　日本を創った実業人』、渋沢研究会編『公益の追求者・渋沢栄一』)。

3　関わったビジネスの全体像

第一国立銀行を活動の中心としながらも、銀行の貸付先の育成などという規模をはるかに超えて日本の近代産業の育成全般にわたって渋沢は積極的に関与していった。ここからは時系列的に紹介していくのではなく、いかにして広範に諸会社を設立・運営していったか、そのメカニズムを説き明かすこととしたい。

関わった会社の総数

渋沢栄一は生涯、いったいいくつの会社に関わったのかという点から出発しよう。関与の度合はいろいろなレベルがあるため、一口に言うことは難しいが、ここではまず、会社の設立から発足後にわたって公に何らかの役職についた会社を見てみよう。そのための材料を、一九三一（昭和六）年の渋沢没後、追悼の一環として竜門社によって作成された「青淵先生職任年表」を用いて、分析してみた。この年表は「未定稿」として不完全であることが記されているが、渋沢の亡くなった直後に作成されており、かなり網羅的に渋沢の「公職」を掲載していると考えて差し支えないと思われる。

ここに登場する会社の総数は延べ一七八社となる（制度変更に伴い社名が変わったもの、合併等により社名が変わるものの、明らかに組織として継続性のあるものは同一会社と見なした）。業種別にすると、①陸運（鉄道）二二社、②対外事業一九社、③銀行一六社、④諸商工業一一社、⑤鉱業八社、⑥窯業八社、⑦化学工業七社、⑧電気七社、⑨保険六社、⑩海運六社となる。鉄道・銀行が上位に並ぶ点は地域ごとに必要な業種であり、役員兼職についても当時はさほど利益相反にならなかっただろうから理解しやすいが、業種別で第二位に「対外事業」が挙がり、渋沢が植民地にある多くの会社に関わったことに驚かされる。

　現代に至るまで名の通った会社を挙げていくと、既に紹介した第一国立銀行（現・みずほ銀行）を筆頭として、会長や社長として関わった会社としては東京瓦斯・日本煉瓦製造・東京製綱・京都織物・東京人造肥料・東京石川島造船所・帝国ホテル・王子製紙・磐城炭鉱・広島水力電気・札幌麦酒などの各株式会社があり、その他にも大阪紡績・日本鉄道・東京海上保険・日本郵船などの日本を代表するいくつもの巨大会社の設立を援助したり、役員として関与したりしている。また銀行集会所や商法会議所といった業界団体や経済団体を設立し、財界全体の指導的立場を長らく続けた。

その特徴と類型

　一七八社全部を分析することは不可能なので、関与会社にもう少し条件を付けて抽出して、その特徴を考察しよう。一八九三年以降、毎年作成されていた刊行物に

『日本全国諸会社役員録』があり、会社や役員等の基本情報を得ることができる。一八九五年、一九〇二年、一九〇七年の三カ年を取り上げて、渋沢の名前が役職者に出てくる会社を抽出すると四九の会社が浮かび上がる。これら渋沢の関わった会社に共通するいくつかの特徴を見出すことができる。

①日本煉瓦製造、東京製綱、東京人造肥料、東京海上保険、東京石川島造船所、王子製紙、東京瓦斯、札幌麦酒の各会社のように、それまでの日本には存在しなかったまったく新しい欧米の知識や技術を導入した業種がきわめて多い。

②日本鉄道、北海道鉄道、北越鉄道、若松築港、門司築港、磐城炭鉱、長門無煙炭鉱の各会社のように、鉄道、港湾、炭鉱など近代経済のインフラ(社会基盤)といえる業種が多い。

③主要な役職者として関わる場合、例外もあるが一業種一社を基本原則としていた。

④鉄道や炭鉱などのように同一業種でも複数会社の役職につく場合には地域的に重複しないということを原則としていた。

渋沢が会長・社長・取締役・相談役などに就任したさまざまな役職から、各会社への関与の度合いをもう少し見てみると、いくつかの類型に分類することができる。

第一の類型は、一八九五年から実業界の引退まで長期にわたって一貫して会長・頭取を務めた会社である。これには東京瓦斯、日本煉瓦製造、第一銀行、東京人造肥料、東京貯蓄銀行、東京石川島造船所、磐城炭鉱の七社が当てはまる。

第二は、長期にわたって関与し続け、さらに一時的に会長を務めた会社で、これには東京製綱、京都織物、帝国ホテル、東京帽子の四社が該当する。

第三は、長期間にわたって一貫して取締役・監査役を務め続けた会社であり、東京海上保険、日本郵船、北海道製麻の三社があげられる。

職業・所属等
武相中央鉄道社長，洋銀取引
生糸売込み商，横浜若尾銀行事業主
生糸商，第百二十国立銀行頭取
農業・地主
浪速銀行頭取，商業興信所所長
洋反物商，第百三十銀行頭取
山林経営，米穀商
大阪の米穀商
横浜の売込み商
足尾銅山
横浜の売込み商，第二銀行頭取
鴻池銀行
横浜の売込み商，横浜貿易倉庫社長

号，1972年)，高村直弼『会社の誕生』
の会社および経営者の研究――『日本
部大学)第9号，1999年)，古林亀次郎

家地主資料集成』V(原資料は『時事
年.

表1　高額所得・多数出資者リスト

氏名等	所在	東京・横浜 高額所得者 1898 年	103 社大株主 1898 年	会社等役職数 1898 年
岩崎久弥 (岩崎家)	東　京	1 位	3 位	
三井八郎右衛門 (三井家)	東　京	2 位	4 位	
住友吉左衛門	大　阪	4 位		
安田善次郎 (安田家)	東　京	6 位	7 位	9 社
大倉喜八郎	東　京	8 位		7 社
雨宮敬二郎	東　京	13 位	6 位	7 社
野本禎次郎	東　京		10 位	
若尾一家 (若尾幾造)	神奈川		12 位	12 社
田中平八	神奈川		13 位	15 社
足立孫六	静　岡		16 位	
外山脩造	大　阪		18 位	12 社
田中新七	神奈川		19 位	
松本重太郎	大　阪	14 位	30 位	28 社
諸戸清六	三　重		22 位	
原六助	東　京		23 位	
渋沢栄一	東　京	18 位	25 位	31 社(1 位)
阿部彦太郎	大　阪	19 位	21 位	19 社
原善三郎	横　浜	20 位		12 社
古河市兵衛	東　京	22 位		
茂木惣兵衛	横　浜	23 位		
鴻池善右衛門	大　阪	25 位		
渡辺福三郎	横　浜	26 位		9 社
亀田介次郎	東　京		29 位	
藤田組	大　阪		31 位	
塚本合名	京　都		32 位	

出典：石井寛治「成立期日本帝国主義の一断面」(『歴史学研究』383 (1996 年，吉川弘文館)，鈴木恒夫・小早川洋一・和田一夫「明治期全国諸会社役員録』(明治 31 年版)の分析」(『産業経済研究所紀要』(中編『実業家人名辞典』(1911 年，東京実業通信社).
原資料：『日本紳士録』第五版，渋谷隆一編『大正昭和日本全国資産新報』1899 年 3 月 29 日～4 月 7 日)，『日本全国諸会社役員録』1898

第四は短期間ではあるが一時的に会長を務めた会社で、王子製紙、京釜鉄道、長門無煙炭鉱、京仁鉄道、広島水力電気などである。

第一と第二の類型は、その会社に長期的に関与し、なおかつ最高責任者をも務めたという点で渋沢がもっとも深く関与していた会社群と言って差し支えない。

第三と第四の類型は、それぞれ関与の性格が異なっている。第三の類型は、長期間会社経営陣の一員であり続けた会社であり、第四の類型は、会長職を引き受けるが、さまざまな理由からそれは短期間にすぎなかった会社群である。

渋沢の関与した会社は業種も実にさまざま、会社の場所も東京だけではなく全国に散らばっている。ここに挙がった会社を一つ一つ見ていくと、その発展は決して平坦だったわけではなく、幾度もの危機を乗り越え、成長していった会社ばかりである。同時並行的にこれらの多くの会社に関与して、いったいどのような経営をおこなっていたのか、その手法のメカニズムに接近してみたい。

次に渋沢の経営者として、株主としての位置づけを実業界全体から見てみよう。表1（六〇〜六一頁）は、一八九八年の高額所得者と一〇三の大会社の大株主上位リストから華族等を除外して会社経営者に絞り込んだものである。

渋沢は高額所得者の一八位、大株主の二五位であり、兼任役職数は三一社ともっとも多いことがわかる。渋沢はたくさんの会社の大株主であり、同時に多数の会社の社長や取締役に就任した経営者であり、そしてそれらの活動から高額の所得を得たビジネス成功人の代表的存在であった。このようなビジネスマンとしての成功がどのように成し遂げられていったのかを、いくつかの観点から見ていくことにしよう。

4　多くの会社設立への尽力

会社立ち上げの手順

明治期の会社の立ち上げの手順は以下の通りであった。会社はまず「発起人」によって、目論見書や定款等が作成され、出資者の募集がおこなわれた。発起人は一般的に株式の引受義務をもち、もし、会社が成立しなかった場合には、会社設立に関する費用は発起人の負担となる責任をも負うことがあった。それに引き続き、第一回の払い込みの請求、創立総会の招集、創立総会における創立事項の報告等も発起人の業務であった。以上のプロセスを経て創立総会が開催され、創立総会では取締役及び監査役を選任し、これらの者が調査機関として行動する。また創立総会は定款変更権を有する機能をもった（大隅

健一郎・服部栄三・今井宏・竹内敏夫『総合判例研究叢書　商法(一二)』、西本辰之助『株式会社発起人論』)。

京都織物株式会社の場合

一つ立ち上げの事例を紹介しよう。京都織物株式会社は、一八八六(明治一九)年一二月に渋沢をはじめとする三九名によって創立発起人会が開かれた。渋沢は創立委員の五名には入らなかったが、同時に計画が進んでいた京都染物会社・京都撚糸会社との合併を決定し、日本初の洋式織物大規模工場として発足することとなった。資本金の配分を東京一一万円、京阪地域の株主二四万円と決め、一般公募はしないこととなった(『伝記資料』第一〇巻)。

一八八七年二月に設立願書(設立趣意書、会社組織要項等)が京都府知事宛に提出され、創立願書の発起人総代一三名の中には熊谷辰太郎が渋沢の代理として名前を連ねている(『伝記資料』第一〇巻)。当初の委員長(社長に相当)に内喜甚三郎、熊谷辰太郎が委員(検査掛)となった。渋沢は持株四〇〇株の筆頭株主であり、東京の株主から相談役を選ぶという方針から大倉喜八郎、益田孝と共に相談役に就任している(同前、青木光雄編『京都織物株式会社五十年史』)。一八九一年に不況と初期の立ち上げ不良から来る業績不振によって渋沢が委員長に(熊谷は辞任)、専務委員に荒川新一郎が就任した。渋沢・荒川の新経営陣は、旧幹部職員層の辞任もあって、それまで雇用していた外国人技師に代わって新たな日本人技術者を招聘し、もっとも業績の悪かった染色工場の改善に努めて機械製造による製品を軌道に乗せ、業績を急回復させている（『京都織物株式会社五十年史』）。渋沢の社長就任は危機脱却のための一時的なものであり、その後、荒川に代わって田中源太郎が取締役に復帰し、効率経営・積極的な機械化の推進に努力し、一九〇〇年には取締役会長を引き継いだ。その後、渋沢の役職は取締役、そして相談役と徐々に経営の第一線から遠のいていった（同前）。

京都織物株式会社本社

渋沢に期待された役割

渋沢は必ずしも発起人の中心にいたわけではないが、創立総会の議長役を引き受け、取締役や監査役の指名をおこなう事例が多かった。当然、そのメンバーは渋沢の独断で決めたものとは思えないが、一般株主に対し創立委員会メンバーの意思として取締役を公表するに当たり、渋沢という存在が重要であったと考えられる。

また、創業初期の立ち上げのトラブルやいまだ操業が軌道に乗らない時期での不況の到来に対する処理を、渋沢が引き受けている傾向がたくさん見受けられる。渋沢は減資などの合理化策、専務取締役や支配人といった専任経営者の招聘などによって初期の危機を克服していった。

会社の立ち上げ関与に関しては、ほぼ共通して特に創立総会において役員の決定を後押しすることが渋沢に期待された大きな役割であった。明治期の会社は戦後の日本企業と比較して株主の権限が強かったわけだが、大株主と中小株主間の意見調整の必要性は創立総会からも現れており、私欲の渦巻く中で発起メンバーの意思を通すために「渋沢栄一」の名が果たした役割は小さくなかったのである。

その後も継続した会社と、短期間で解散したり立ち上げそのものに失敗した会社を対比すると、立ち上げ期に不況が到来した場合の処理は渋沢でさえも条件が整わないことには必ずしも乗り切ることができなかったことを示している。条件とは、時としては痛みをともなう合理化策を株主にも呑んでもらうこと、そして専任経営者に人物を得ているかどうかという点のようであった。

5　株主総会で力を発揮

渋沢が株式会社に対して果たした役割としてもう一点検討しなければならないのが、設立後の会社における役割である。会社運営の中で時として経営者と出資者の利害が著しく対立して紛糾する局面ともなったのが株主総会であり、渋沢の果たした役割について検討してみよう。

明治期の株主総会は戦後長らく続いた、いわゆる「シャンシャン総会」とは異なり、株主の利害の相違の表明があり、合意形成のための努力が経営側、株主側双方からおこなわれた。実際に長時間に及ぶ単なる形式だけではない、企業のステイクホルダー（利害関係者）間での利害を調整し意思統一をできるか否かの一大メインイベントであった（片岡豊「明治期における株主と株主総会」）。

渋沢栄一はきわめて多数の会社の株主総会に社長（会長）、取締役、監査役、相談役などの役職者として、また株主、それも大株主として出席していた。そのすべてが記録として残っているわけではないが、『伝記資料』に株主総会での発言や議事録が収録されているものは四〇社に及び、延べ総会出席回数は一一七回に及ぶ。

北炭の場合

たくさんの事例の中から北海道炭鉱鉄道株式会社の事例を紹介しよう。同社は一八八九(明治二二)年に北海道の鉄道、炭鉱業経営のために政府の補助を受けて設立された会社である。社長・理事といった経営幹部は官選とされた。そのため、大株主中より「株主の名代の如き、又会社の相談役の如き地位」として常議員が置かれ、渋沢はこの立場にあった(『伝記資料』第八巻)。

会社は設立当初から混乱が続いていた。堀基社長と北海道庁の折り合いが悪く、社長を罷免されている。また些細なことで道庁からの利子補給が停止される決定がなされ、渋沢がかけあってようやく撤回されるなど、混乱が続いていた(『伝記資料』第八巻)。

一八九二年の第四回「定式総会」でも総会は紛糾した。社長の高嶋嘉右衛門は病気のため冒頭の挨拶だけをおこない、代わって渋沢が総会の議長を務めた。この時点で渋沢は四五〇株を保有する大株主の一人であり、常議員であった。

会社の業績不調に対し、株主からは質問が殺到した。石炭の販路や利子補給の状況など、経営の細部にわたる質問が続き、議長の渋沢は、議事を終えた後に「懇親会」形式で質問に答えることで議場整理をはかろうとするが、それでも総会での質問継続を望む声が上がり、総会は長引いた。約二時間をかけてようやく積立金、役員賞与金、株主配当(年八分配当)に関する採決がおこなわれた(『伝記資料』第八巻)。

総会を終了後、懇親会が二時間ほど持たれ、出目貫《でめかん》と呼ばれる、採掘量と販売量の誤差を処分できる権利を社長の一存で取引業者に与えた点が問題とされた。渋沢の将来の解決課題との発言に対して、不安を払拭するものではないと厳しい発言が出たりしている(同前)。

このような渋沢の姿勢に対し、支配人の植村澄三郎は「実に会社危急の場合に際し、事を一身に引受け、その困難を救おうとするが如きは、凡庸の徒のよくする所でない。私は始めて其の志のある点を知り心中先ず驚き、敬慕の念に堪えなかった。従って此方に頼って行ったならば、何事も成就することが出来るであろうと感じた次第である」(同前。植村澄三郎は後に札幌麦酒専務取締役、大日本麦酒常務取締役を歴任する)と述べている。また同社の別の時期の株主総会に関してであるが「議場は騒然として整理すべくもなく、高島議長ではどうにもならなかった、そこでまたも先生(渋沢)に議長を御願いした。先生は(中略)議事を進めて行かれ、会計上いささかの不正はないことを説明したので、たちまち多数の賛成を得て、原案は成立したのである」との談話もある(同前)。

重要議決に大きな役割

この時期はいまだ会社の立ち上げ期を脱しておらず株価は低迷し、ただでさえ困難が続く中、そこに社長の不祥事が積み重なり、後継社長では乗り切れない株主への対応を渋沢が代わって処理し、批判にさらされつつも時間をかけて話し合いを重ね、不信を払拭していったことがわかる。

多くの事例から、渋沢は取締役会長・監査役・相談役・大株主と立場はさまざまであったが、役割としては会社の存廃や他社との合併といった長期的な方向性など、重要議決に大きな役割を果たしたことがわかる。実際にはごく少数の経営者によって運営され、株主の利害も中央と地方、大株主と中小株主、経営を直接おこなう機能資本家と投資するのみの無機能資本家といったようにさまざまな面で利害が交錯しがちな明治期の会社にあって、株主総会はたびたび混乱した。利益の配分調整、そして経営の立て直しのために合併を選択するのか、経営者の交代を選択するのか、それらをめぐって株主間の調整役が不可欠であった。大株主の権利が制限されている場合もあって、単純に多数決では解決できず、なおさら調整役の必要性は高かった。

渋沢の行動は元取締役で現大株主といった場合と、相談役等第三者的な立場に近い場合とでは、その期待される役割や本人のスタンスに多少の差が感じられる。前者では経営側か株主側かどちらかの利害に立って事態の収拾に当たる色彩が濃く、後者では両者の利害からは半歩離れて調整する意味合いが強いようであった。いずれにせよ長期的な視点での解決が期待されており、全般的に大株主層とはその点では合意が形成されやすかったと考えられる。

調整者・仲裁者として

いずれのケースでも渋沢に期待された役割は、利害が反する者同士の調整や仲裁や仲介を通じて直面する問題の解決をはかることであった。会社の合併により株主構成も変わることから、渋沢のような中立的な判断ができると考えられる人物に新経営陣の選定を委託している。さらに会社に紛争が起こったときは、その後始末をつけてくれる経営者の人選さえも渋沢に託された。

渋沢は株主総会という意思決定の最終局面だけで問題解決のための調整や仲裁機能を果たしていたわけではなく、その前後のさまざまな会合等を含めて調整・仲裁機能を発揮していたことが個々の事例から垣間見ることができる。しかしやはり、利害が直接ぶつかる株主総会という場面では時として対立する株主の利害と経営の安定性を調整することはむずかしく、渋沢という大口の出資をともなない株主の利害得失を兼ね備えた経営者の存在があってこそ、二つの利害に折り合いをつけることが可能であった。株式会社制度の初期にあってはその経験を積んだ経営者は未だ少なく、渋沢という個人の統率力に依拠しがちであったが、その裁定の蓄積こそがシステムをきたえ、安定性を高めていったのであろう。

6　資金面からみた経営術

以上のことから、渋沢の会社設立・維持にあたっての発言力やリーダーシップの源泉が一定規模の出資をしている主要株主の一人であったことは誰しも感じることであろう。したがって、財閥や大商家、大地主のような富の源泉を持たない渋沢が多くの会社の設立・発展に、まるで加速度をつけるように数とスピードを増して関わっていった出資面のメカニズムの解明が不可欠になる。

出資のメカニズム

実は経営者個人の懐具合をきちんと調べることはめったにできることではない。家政の財務関係の資料はほとんど表に出ることがないからである。しかし、幸運なことに渋沢の場合、いくつかそれにアプローチする材料を見つけ出すことができた。渋沢の秘書役が残した『芝崎家文書』は渋沢家のある一年の資金の流れを再現することを可能にしてくれた。また、『渋沢同族会会議録』は渋沢家の株式の取得や売却、資金の貸し借りなどを四〇年間という長期間にわたって分析する材料を提供してくれている。これらはこれまでほとんどまったく利用されることのなかった渋沢家の財務データに関するきわめて貴重な史料で、成功したビジネスマン渋沢の「懐具合」をある程度、正確に再現することができた。

まず、一八九一(明治二四)年、一年間の渋沢家の単年度の家計を分析することができた。この時期の日本はまさに近代産業の勃興期であって、この年はその反動不況がいまだ尾を引きながらも、その翌年には再び企業勃興の機運が高まるという短期的な不況の最中であった。

明らかになったことは以下の通りである。①渋沢家の家計は、成文化された規則に基づき管理され、定期的に渋沢とその子どもたち夫婦から成る渋沢同族会に報告されていた。②渋沢家の家計はきちんと予算管理がおこなわれ、予算をほぼ厳守するように執行されていた。③渋沢家の家計では「損益勘定表」と「資産増減表」の二種類が作成されていた。渋沢家は、保有株式の配当などによる損益勘定によって同族の家計を賄い、それとは基本的に独立して資産管理がおこなわれていた。④渋沢の収入は、その六〇%強を保有する会社の株式配当などから得ていて、渋沢が就任している諸会社の役職にともなった収入はわずか一〇%程度にすぎなかった。⑤渋沢家の生活費・維持費の支出は全収入の二〇%弱であった。収支差額は、規定に基づき共同積立金や各家配当として処理された。⑥この年に関しては、後に詳述する「匿名組合」への出資が株式会社への出資を上回っていて、個人への貸付が出資に迫るほどの多さであった。⑦つまり資産の増減は単年度でほぼ均衡をとれるように意識されていたと推定することができる。

り、株式の取得と売却、個人に対する貸金の回収と新たな貸出しなどがほぼ見合う金額になっていた。

このような渋沢栄一の家計と資産のやりくりは、現在の経営者の家計・資産の傾向とはかなり違っている。明治時代の経営者は大概、大株主が取締役に就任する出資者兼経営者だったが、渋沢もこのタイプに属する経営者であった。そして渋沢においては家計に占める保有株式からの配当収入が大きく、就任している会社役職に伴う報酬は微々たるものであった。明治時代には会社の高配当政策によって資本家の資産形成がなされた点は従来からよく言われていたが、同時に渋沢の会社からの役員報酬の少なさは、これまでほとんど着目されてこなかった。

明治時代の経営者たちは、自己の使命感やナショナリズムといった非経済的要因から、ほとんど無報酬でいくつもの会社の経営責任の一端を担っていたとも考えられるし、また自己の才覚によって順調に会社を運営できれば、経営者としての報酬は自己の保有する株式に対する高配当や高株価によって見返りを得ることができたとも解釈できるだろう。

ハイリスク・ハイリターンの構造

もう一点重要なのは、渋沢の資産管理が基本的に保有株式の売却を主とした資産の増減でバランスを取るよう組み立てられていたことにある。渋沢の売却株には、第一銀行、日本銀行、浅野セメント、磐城炭鉱、王子製紙など渋沢が深く関与した会社の株も多数含まれている。これらの株式の中には優良株のために売りに出す人がおらず、取引所内でほとんど取り引きされることのないものが多数含まれている。

もちろん損益勘定でも収益資産編入や共同積立金、渋沢自身への利益配分など資産管理の原資となるような収益部分を多くもっていた。しかしこれらの利益部分は近代産業の草創期であることから事業リスクが未知または高い会社へ出資したり、個人への融資に消極的な金融機関に代わって個人に対する多額の貸付を積極的におこなう渋沢にとって、備えとして絶対に必要な原資だったのである。この時期には解散に追い込まれる会社がいくつもあり、その際には共同積立金を取り崩して償却したのであった。

以上のように渋沢の投資行動の裏付けとなる家計・資産動向の分析によって、企業勃興草創期の諸事業というハイリスクな投資は、高配当というハイリターンがあって初めてできる構造になっていたことがわかるだろう。

さまざまな形態の会社に出資

さらに『渋沢同族会会議録』を用いて一八九一年から没年(一九三一年)までの四〇年間にわたる長期間の出資や資金移動を分析することができた。渋沢同族会というのは、「同族の財産及年々の出入を監督」する目的で、一八八九(明治二二)年九月以降、毎月一回定期的に開かれていた、もっとも狭い範囲で渋沢の家族の資産管理をおこなった組織である。一九一五(大正四)年には別途、渋沢同族株式会社が設立されたが、同族会も存続した。議事の主たるものは、株式の引受けや売買などに関するもの、金銭の貸借に関するものなど資産の移動に関するものが大半であった。役員報酬、保有株の配当などの収入に関してはほとんど記載がないが、家族の家産の移動、臨時の出費などに関してはかなり頻繁に記述されている。

まず渋沢がどのような形態の会社に出資していたのかから見ていこう。渋沢というと「合本主義」をとなえ続けたことに代表されるように、日本に株式会社組織を根付かせた人というイメージができあがっているが、実際には出資した会社の形態は耳なれない匿名組合から株式会社までさまざまであり、株式会社の唱導・育成というこれまでの渋沢栄一の一般的なイメージとは異なっている。例えば、一八九七年の新規の株式会社の引受け額が一四万円ほどなのに対して合資会社は二三万円を超えているなど、ひじょうに高くなっている。これは、渋沢と関係の深い浅野総一郎の事業である浅野セメント合資会社や藤原炭鉱合資会社への大口出資、および従兄弟の渋沢喜作の主唱する十勝開墾合資会社への大口出資などが重なったからでもある。

一九〇〇~一〇年頃には、年間の株式や出資による引受け額全体のおよそ三分の一が株式会社以外の形態によって占められている。これら株式会社以外の事業形態をとる事例は、西村勝三の桜組合資会社や関誠之の関第三養魚場匿名組合といった個人事業の形態をとることが多かった。桜組合資会社は、西村勝三が経営する軍隊向けの製革製靴事業であり、関第三養魚場は関直之による養魚場経営であった。なかには一八九四年に青木孝が設立した北海道でオットセイの猟をおこなう青木漁猟組のような冒険的な事業にも匿名組合員として出資している。約一〇年間にわたって延べ一万八〇〇〇円余りの資金を投下し、七〇〇〇円以上の損失を被っている（阪谷芳郎編『青淵先生六十年史　一名近世実業発達史』第二巻）。

合名・合資の二形態は比較的一般的な会社形態として知られているが、匿名組合はなじみが薄い。匿名組合とは、投資のみを目的とする「無機能」組合員の責任が「有限」な出資と営業者の企業経営とからなる共同出資企業の一つであり、合資会社に似ているが、外部に対して営業者のみが権利義務の主体として現れ、組合出資者は外部にわからないもの＝匿名、を言う。これまで匿名組合は、一種のコンメンダ（中世イタリアの地中海貿易で活用された共同出資）として江戸時代に起源を持つ会社組織の原初形態として紹介されてきた。しかしながら渋沢の関与した多数の事例を見ると、明治時代において合名会社とセットで匿名組合が用いられていたケースが多い。鉱山や農業・水産事業などの個人事業でリスクの大きな合名会社形態をとる事業へ出資をする場合、合名会社への直接出資では無限責任を負ってしまうため、そこに匿名組合契約を組み合わせることで出資の有限責任を確保する方法を編み出したのであった。

このように渋沢は大資本を必要とする公益性の高い会社には株式会社を唱導し、ハイリスク・ハイリターン型のものは合資会社を、そして小規模の個人ビジネスには合名会社を当てはめ、さらにそこに匿名組合を組み合わせることで、投資家のリスクを限定的にした。ビジネスの受け皿として株式会社のみを考えていたわけではなく、規模や目的にあった組織形態を選択していた。特に合名会社という基本的に小規模な個人事業に対して、匿名組合を組み合わせて外部からの出資をしやすくしたという事実はもっと注目されてもよい点であろう。

株式と資金の出入り

渋沢の株式の売却状況を見ると、株式取引所の場内と場外の現物市場をうまく組み合わせて、ある程度有利な条件で売却していたことがわかる。明治時代には東京株式取引所（現在の東京証券取引所）内の取引は投機性が高く、それ以外の場外の株式仲買人の間で市場が成立し多くの株式が売買されていたと言われている。渋沢は新たな株式引受けの原資を得るために、自らが役員に名を連ねる会社であっても投資としてある程度有利な条件で場外市場も利用して積極的に売却していた。渋沢は設立した会社の支配を強化することよりも、新たな会社の設立原資を得ることを優先して行動していたことがわかる。

株式の引受けやさまざまなビジネスへの出資、そして保有株式の売却以外のさまざまな株式や資金の出入りについてはどうなっていたのだろうか。渋沢は第一銀行から「定期借入」として二万円程度の借入枠をもっていた。それ以上の借入に関してはきちんと担保を設定し、借入目的を明示している。第一銀行から借り入れた資金の総額は一二二万六〇〇〇円と大きな金額になっている。その三分の一弱にあたる三五万五〇〇〇円は浅野鉱山部に関するものであった。

事業に必要な資金は設立時や大規模投資の必要な増資だけでなく、急ぎの運転資金の調達や不測の事態の発生による事業計画外の追加投資の必要など、株主からの追加出資を仰げない資金需要は当然あった。一般的に低金利による資金調達が困難だったので、渋沢が直接、資金の貸付をする場合もあった。金融機関からの借入のための担保としての株式を貸与したり、連帯保証人を引き受けたりといった、さまざまな形態の資金と信用を供与していたのであった。しかしこれらの資金の供与は実際には回収不能な案件が多かった。

一つ事例を紹介しておく。小笠原諸島で国産の藍・インディゴを栽培し、それを国内で販売することを目的として一八八八年に設立された製藍会社がある。江戸時代には阿波をはじめとして渋沢の周辺地域でも広く栽培されていた藍であるが、明治以降輸入藍に押されて国産藍は衰退していた。それを復活させたいという試みであったが、

私財を提供しての支援

藍・インディゴの栽培に小笠原の気候風土はあわず、一八九二年八月に解散している（『青淵先生六十年史　一名近世実業発達史』第二巻）。そのときの渋沢の損失額は二八〇八円であった。輸入藍に対抗できる藍の国産化事業に失敗した渋沢は、青木直治を通してインド藍の独自輸入を試みた。一八九五年三月にはインド藍八万五〇〇〇円分を買い付けて輸入販売をおこなった。さらに同年一〇月には青木商会を設立して本格的に藍の輸入販売事業を開始する（同前）。渋沢は設立資金として四万円を貸し付け、さらに青木が横浜正金銀行から借りた二万五〇〇〇円の借金の保証人にもなっている。しかしながら事業はうまくいかず、一八九六年一二月には会社を解散している。このときの渋沢の損失額についてははっきりした記述がないが、相当の額を渋沢が負担した事は想像に難くない。

渋沢は、株式等への出資に加えて、金融機関や株式市場では調達困難な運転資金や、不測の事態といったさまざまな形の資金と信用をビジネスに供給していた。まだまだ不安定で不確実だった明治中期のビジネスの立ち上げをかなりの私財を提供する形で支援し、長期的な視点での安定化をはかったのであった。

第三章　渋沢栄一をめぐる人的ネットワーク

渋沢家の人々　最後列中央が栄一（1901年）

資金面の循環システムがあったからとはいえ、同時並行で多数の会社を設立、運営していくのに多数の協力者なくして不可能なことは明白であろう。財閥としてではなく会社を設立していく渋沢の場合、組織的に会社の担い手を育成していくことはできなかった。多数の会社運営に携わった取締役や支配人とはどのような関係性をもっていたのだろうか。渋沢は多数の会社を常時監督するために、どのようなビジネス行動をとっていたのだろうか。その核となってサポートしていたのはどういったメンバーだったのだろうか。渋沢の先妻との間の二人の娘の夫であった穂積陳重と阪谷芳郎の渋沢へのサポートもきわめて大きい。本章では渋沢の家族とそのあり方を含めて、渋沢の人的ネットワークという側面から渋沢の企業家としての活動を考えてみたい。

1　コンパクトなビジネス空間の創出

日々の行動パターン

渋沢が企業家としてもっとも活発に活動するのが一九〇〇年代である。その時期の渋沢のある一日の行動を彼の日記から見てみよう。

曇、午前八時朝餐を畢《おわ》り兜町事務所に出勤す、数多《あまた》の来人あり、午前十一時岩越鉄道重役会に出席し要件を議す、畢て午後一時日本鉄道会社重役会に出席す、午後四時過ぎ銀行集会所総会の為め集会所に抵《いた》る、季末の報告を為し役員投票等の事あり、畢て七時より倶楽部晩餐会を開く、園田、豊川、池田、波多野、正金銀行中井芳楠、三崎亀之助氏等来会す、食卓上一場の演説を為す、夜十一時王子別荘に帰宿す(一九〇二年一月二四日)(『伝記資料』別巻第二)

渋沢は朝から深夜に至るまで多数の人と面会し、自らスピーディーに移動して幾多の会合に出席していて、今の経営者とほとんど変わらないきわめて多忙な毎日を送っており、まさに激務と呼ぶにふさわしい企業家としての活動の日々であった。

ここでもう少し詳細に渋沢の日々の行動を検証してみよう。渋沢の企業家としての行動の大半は直接人と会って話をする面談に割かれている。面談は、相手が渋沢の所に訪ねてくるパタ

兜町の自宅(1888年建設)飛鳥山に新たに
自宅を移した後は事務所として使用した

ーンと渋沢自身が相手の所に出向く行動とに分けることができる。一八八八(明治二一)年、渋沢は日本橋の兜町の運河沿いにベネチアンゴシック様式の洋館を建設し、当初はここを住居兼事務所として使用していた(藤森照信『建築探偵の冒険　東京篇』)。一九〇〇年以降は、自宅を王子の飛鳥山に移し、兜町は事務所専用として使用し、毎日ここへ通勤していた。

事務所を多目的に

渋沢はこの兜町の事務所を実に多目的に使用した。第一に、渋沢が会長・社長などを務める会社の専務取締役や支配人がここを訪れ、日常的な報告や重要案件の相談をおこなった。たとえば、日本煉瓦製造は、取締役兼支配人の諸井恒平、東京人造肥料は専務取締役の谷敬三や支配人の竹田政智(後に専務取締役)、東京石川島造船所は専務取締役の梅浦精一が始終この事務所を訪れ、業務報告や重要案件の相談をおこなった。

さらに渋沢の事務所では、さまざまな会社の役員会(当時の呼称で重役会)等が開かれた。代表的なところでは東京人造肥料、東京帽子、東京石川島造船所などの各会社の役員会がおこなわれている。これらの会社の本社は、実は兜町からさほど遠くはなかったからである。東京人造肥料は南葛飾郡大島村(現・江東区大島)、東京帽子は小石川区氷川下町(現・文京区千石)、東京石川島造船所は京橋区佃島(現・中央区佃)というように、兜町から五、六キロメートル内外の位置にあった。

分刻みのスケジュール

渋沢は一日に多数の人々とさまざまな用件のため分刻みのスケジュールで面談、会議をするのに、自分が相手先まで足を運ばなくとも済む用件は、渋沢が事務所に構えていて面談者や会議出席者が入れ替わる方法を採用したのであった。

もう一カ所、渋沢が行動の拠点にしていたのが第一国立銀行(一八九六年から第一銀行)であった。兜町の渋沢の事務所と第一(国立)銀行本店はまさに目と鼻の先であり、渋沢の日記を見ると在京時にはほとんど毎日欠かさず第一(国立)銀行へ立ち寄っていることがわかる。渋沢は通常、午前中に来客との面談を済ませ、昼前後に第一(国立)銀行へ立ち寄っている。日記には「事務を見る」「行務を見る」「重役会を開き要件を議決す」「佐々木氏と面会す」(支配人の佐々木勇之助)といった記述があり、第一(国立)銀行の行務は特にきめ細かく見ていたことがうかがい知れる。このことからもやはり第一(国立)銀行が渋沢の企業家活動の中心的存在であったこ

栄一愛用の自動車(明治40年代の絵ハガキ)

とがはっきりとわかる。

もちろん渋沢が自らさまざまな場所に出かけることも少なくなかった。特に政治家や官庁関係に対しては自分から足を運んでいた。さまざまな会社の重役会にも自分から相手先の本社に出かけていくことがよくあった。

それでは渋沢は交通手段として何を用いていたのだろうか。渋沢の用いた移動手段は、近距離用として明治前半期には人力車を用い、その後専用の馬車を保有して日常の足として使用していた。さらに一九〇七年頃からは自動車も利用しはじめた。馬車といい自動車といい、この時期個人として専ら使用していたのは珍しく、導入の時期としてもきわめて早いものであった。この点からも渋沢が直接の面談を重視し、多忙な生活の中でいかにして効率的に移動するかを考えていたことがわかる。

さらに渋沢は、遠距離になると公共の交通機関を利用していた。たとえば日記の中で兜町の事務所から王子の自宅への帰路を記した一九〇一年五月二一日のものを見ると「夜九時鉄道車馬にて上野に抵り、十時発の汽車に搭じて王子別荘に帰宿す」と記されている。主要な幹線道路に引かれていた馬車鉄道と上野を起点としていた日本鉄道を乗り継いで自宅と往復していたのであった。渋沢は夜の宴席への出席も多く、毎日の帰宅はかなり遅かったのだが、公共の交通機関の発達によって王子の自宅からでも一日を最大限有効に使う企業家活動が可能だった。

また、渋沢の日常の活動はもっぱら東京でおこなわれていたが、工場の視察、開業式典への出席などの目的で地方に出かけることも多く、その場合はほとんど鉄道を利用して移動している。たとえば一八九九年七月に渋沢は汽車製造合資会社の開業式へ出席するために大阪へ出張している。この出張を利用してさまざまな活動をこなしている。まず車中を、同乗していた今村清之助、川上謹一、井上馨らと、「車中談論すこぶる盛なり」と日記に記されるような意見交換の場として活用している。大阪では第一銀行大阪支店や大阪紡績、日本精糖、日本銀行大阪支店などを訪ね、さまざまな人物と面会し、意見交換や案件の協議をおこなっている(『伝記資料』別巻第一)。

郵便・電信・電話を活用

渋沢は、面談を中心とした行動に新しい情報伝達手段を組み合わせることで企業家活動をより多彩にしていた。その新しい情報伝達手段とは、郵便・電信・電話である。

まず郵便利用の例として、一九〇二年二月二五日付けで諸井恒平に宛てた手紙を紹介しよう。「拝啓、昨日御遣の議案一覧候処、増株の半高を使用人に引受権利を付与するは老生異議無之《これなく》候得共、その分割方法は取締役会においてこれを定むるものといたし候方相当と存候、もし誰もこれを相望候より競争の弊にても相生じ候わば、分割方に不公平を生ずる恐有之哉《おそれこれあるや》に候、御再案可被下《くださるべく》候」という文面である(『伝記資料』第一一巻)。これは、諸井が重役会に諮る議案を渋沢に事前に報告し、その承認を求めたものに対する渋沢の返信と思われる。

日本煉瓦製造株式会社は、渋沢が一八九四年から取締役会長を務め、実質的には支配人の諸井恒平が会社の運営をおこなっていた。渋沢の日記を見ると渋沢が日常的に日本煉瓦の重役会に出席した痕跡は見あたらず、諸井が頻繁に兜町の事務所を訪れて業務報告をしていた。さらに先に紹介したような諸井から渋沢への書簡による案件の報告があり、それに対し書簡の返信によって渋沢の考えを伝えるという意思伝達がなされていたことがわかる。

さらに渋沢は電報や電話も積極的に活用していた。渋沢の関与していた会社を見てみると、一八九五年の時点で彼が役員を務める在京の会社一五社中、七社に電話が引かれていた。電話を保有していたのは、第一銀行、日本鉄道、日本郵船、東京瓦斯、東京製綱、東京帽子、東京海上保険の各会社であった。

渋沢は、電話を面談のための補助的手段として大いに活用していた。彼は綿密かつ過密なスケジュールに基づいて、同時並行でさまざまな企業家活動を日々おこなっていて、予定がずれ込んで変更になることはしばしばであった。その際アポイントメントの変更を通知することが必要であり、そのために電話はきわめて有効な情報伝達手段となった。

2　多様な人材による経営サポート

広範な人々と協力して

渋沢は一九〇七(明治四〇)年前後の企業家活動の最盛期には、約三〇社の取締役および社長を務めていた。これら多数の会社の個々の経営責任を果たすために、当然、渋沢は自らの代理を務める「周辺経営者」とも言うべき専務取締役や支配人といった経営者群をそれぞれの会社に置いていた。ここでは渋沢とどのような関係を持つ人がどのような役割を担い、渋沢の多忙な企業家活動をサポートしたのかを紹介していこう。そこで渋沢が役職を持って関わった四九社(一八九三、一八九八、一九〇二、一九〇七の各年においてリストアップした)に関係するすべての役職者のリストを作成し、そこに名を連ねる経営者たちの関わり方を分析してみた。

四九の会社において取締役や監査役などの役職者として延べ二六九名が関与している。そのメンバーは四社以上に重複して関わった経営者が八名、三社が一八名、二社が二九名、一社が二一四名となっている。渋沢が関与した会社の役員の八〇%は渋沢との関係はたった一社のみであり、渋沢が広範な人々と協力して会社の運営にあたったことがよくわかる。渋沢の関与した四九社は東京を中心にしているとはいえ、全国一二府県に散らばっており、その業種も多岐にわたっているため、特定の経営者たちだけではない幅広さをもっていたと想像される。

渋沢の役職関与会社の中でたびたび登場する経営者を数の多い順に挙げると、浅野総一郎、大倉喜八郎(ともに一一社)の二人がもっとも多く、ついで馬越恭平と益田克徳(ともに七社)、西園寺公成と植村澄三郎(六社)、渋沢喜作(五社)、梅浦精一と荘田平五郎(四社)、堀江助保や益田孝(三社)などとなる。また、これらの経営者以外に、日下義雄・須藤時一郎といった、渋沢が頭取を務める第一銀行の役職者が複数の会社に関わるパターンも見られる。

サポートした経営者は、大きく二つのタイプに分けることができる。出資のパートナーとして大口の出資をともなう経営者と、個々の会社の運営を実質的に担った専門経営者たちであった。

大倉喜八郎と浅野総一郎

まず、出資パートナーたちを見ていこう。登場回数の一番多い大倉喜八郎と浅野総一郎がこのタイプにあてはまる。大倉喜八郎(一八三七〜一九二八)は渋沢が関わる会社において社長や専務取締役等を引き受けたものはなく、取締役を六社引き受けているが、監査役が四社と多い点が一つの特徴となる。北海道の開発を協同しておこなった事業なども含め、経営上のパートナーと言うよりも大株主としての出資上のパートナーの色彩が濃かったことがうかがわれる。

次に浅野総一郎(一八四八〜一九三〇)であるが、渋沢が取締役などの役員を務める会社中、東京瓦斯や磐城炭鉱などの七社の役職に就いている。これは渋沢の事業協力者の中で役職兼任がもっとも多く、重要な事業協力者であることを示している。渋沢と浅野の関係は、一八九〇年前後から株式の保有や出資関係などがわかる。例えば渋沢は一八九三年に磐城炭鉱株を一八七三株、額面価格で九万三六五〇円分を引き受け、一八九七年に浅野セメント合資会社への一〇万円の出資を引き受けており、かなりの大口出資者となっていた。浅野の事業に対してはそれ以後も渋沢は次々と出資を引き受けている。一八九九年には、浅野鉱山部へ一二万五〇〇〇円、浅野鑿井部匿名組合に五万円の出資をしている。

その後も浅野の事業への支援は続くが、その方法は浅野の一七万円の銀行借入に必要な担保株式を貸し出したりと、危険回避への手段が織り込まれている。浅野からすると、渋沢による出資や借入、担保のための株式の貸出し、借入時の連帯保証といったさまざまな資金と信用の供与があってはじめて、さまざまな事業の展開が可能だった。さらにそれらの負担を長期的に考えてもらえたからこそ、旺盛な事業展開が可能であったことがはっきりと浮かび上がる。

益田孝兄弟と馬越恭平

同様の出資パートナーとしては他に益田孝・克徳の兄弟、馬越恭平、堀江助保(蜂須賀家代理人)などがいた。益田孝(一八四八〜一九三八)は三井物産社長(設立時)、三井合名会社顧問を務めたことでわかるように、三井物産の創設を主導し、三井財閥全体の舵取りにも大きな力をもっていた三井の中心人物の一人としてよく知られている。益田は大蔵大輔の井上馨に見出されて大蔵省に出仕し、そこで渋沢と知り合った後、両名とも井上の下野と行動を共にして実業界へ入ったのであった(『オーベックス一〇〇年史』)。益田は井上が中心となって設立した先収会社の副社長になるが、この先収会社を引き継ぐ形で三井物産が設立され、益田も三井入りすることとなった。一般に三井財閥の経営者としてのイメージがきわめて強いが、三井が出資しない渋沢の事業とも深く関わっていた。「益田の地位は一面では三井家と対等の立場にあった」との評価もあるように、三井の使用人としてだけの経営者ではなく、渋沢などとパートナーを組んで益田独自の事業展開もおこなっていた(大島清・加藤俊

彦・大内力『人物・日本資本主義三　明治初期の企業家』）。

益田克徳（一八五二〜一九〇三）は、戊辰戦争を幕府方で戦った後、慶応義塾に入学、司法省に出仕し、主として海上保険条例の編成に従事した。その後一八七八（明治一一）年には海上保険会社の設立について渋沢から調査を依頼され、東京海上保険株式会社の前身、東京海上保険会社の設立にあたり、支配人に就任する。東京海上保険においては「支配人といっても、事実上は、東京海上の業務のすべてについて、最高経営者にひとしい役割を演ずることとなった」と記されている（『東京海上株式会社一〇〇年史』）。またこれまであまり着目されなかったが、明治生命保険、東京帽子、鐘淵紡績、日本煉瓦製造、王子製紙、東京石川島造船所の各株式会社、京仁鉄道合資会社などの多数の渋沢関係会社で取締役や専務取締役に就任している（『人事興信録』第一版、『銀行会社要録』一八九七年版などを参照）。一九〇三（明治三六）年に五二歳の若さでなくなっていることもあり、これまであまり取り上げられることのなかった経営者であるが、もっと注目されてもよいだろう。

馬越恭平（一八四四〜一九三三）は岡山県の出身で少年期に阪谷朗廬に儒学を学んだ。馬越は益田孝の知遇を得て先収会社に入社し、その後三井物産横浜支店長に抜擢された。渋沢との最初の接点ははっきりと確認できないが、渋沢が主導した一八八七年の東京人造肥料会社の設立に当たって馬越は発起人に名を連ねており、益田の関係から接点をもったと考えられる。一八九〇年から就任した磐城炭鉱株式会社の監査役(〜一九〇九年)や、一八九三年からの東京帽子株式会社の監査役(一九一〇年からは会長)なども益田や渋沢との接点からと思われる。

馬越本人は、その後、三井物産の関係から一八九一年より日本麦酒会社の経営立て直しに参画し、合理化策を徹底する一方、販売拡張に努め、たった一年で黒字転換を成し遂げた(『サッポロビール一二〇年史』)。三井物産社内にあっては一八九二年に三井物産会社の専務委員、一八九三年には三井物産合名会社の常務理事と順調な出世を遂げている。しかしながら一八九六年には三井の枠を越えたビジネスを求めて三井物産を辞職した(大塚栄三『馬越恭平翁伝』)。ビール会社の経営に腐心すると同時に、一八九八年には帝国商業銀行の取締役に就任し、一八九九年には渋沢らの斡旋で帝国商業銀行頭取となった(実業之世界社編『財界物故傑物伝』)。

経営上の代理人たち

もう一つのタイプが、社内の専務取締役や支配人などに就任した渋沢の経営上の代理人とも言うべき役割を担ったメンバーである。その代表格の一人は植村澄三郎(一八六二〜一九四一)である。北海道炭鉱鉄道を皮切りに札幌麦酒、十勝開墾などの各会社を任されていく。植村が大きく認められるきっかけとなったのが札幌麦酒会社であり、同社は、北海道開拓使の麦酒醸造所の払い下げを受けて一八八七(明治二〇)年、渋沢、浅野、大倉らによって発足した。実際に北海道という現地で指揮を執る責任者を探していた渋沢や大倉の眼に留まったのが北海道炭鉱鉄道の監査役であった植村で、一八九四年に専務取締役として加わった。

植村は実質的な社長として手腕を存分に発揮し、外国人技術者から自前の日本人技術者への切り換え、東京（本所区吾妻橋、現・墨田区）に分工場建設計画の決定をして一九〇三年から出荷を開始した。そして一九〇五年には製造量でビール業界のトップにつくというめざましい成果を発揮した。その後、札幌麦酒は大日本麦酒と合併し、馬越社長・植村常務取締役という体制を二四年間続けていくことになっていった。

渋沢の甥の大川平三郎（一八六〇〜一九三六）もこのタイプに当てはまる。大川は渋沢の縁続きから渋沢家の書生となり、抄紙会社の発足から関わり一八九三年に三三歳の若さで王子製紙の専務取締役に就任した。しかしながら三井財閥による王子製紙の買い占めによって王子を追われてしまうが、その後、富士製紙などいくつもの製紙会社を設立し、最盛期には製紙王と呼ばれるまでになった。

大川は生涯、製紙業を中心に経営者を歩んだイメージが強いのだが、その他の産業にも大いに関わりキャリアを磨いた。例えば札幌麦酒株式会社では一八九四年から監査役を務め、一九〇一年には常務取締役に就任し、植村と組んで東京進出計画に参画している。

また一八九六年に浅野総一郎を中心として設立された東洋汽船株式会社では、大川は発足に当たって必要な航路と船舶の交渉をするため浅野に同行して欧米を訪問している。一九〇九年には東洋汽船の副社長に就任し、ハリマンの経営するユニオンパシフィック鉄道からグールドのウエスタンパシフィック鉄道へ積荷の連絡を変更する交渉を担当し、大川の判断で両社とも船舶と鉄道を連絡させる契約を取り付け、東洋汽船の業務拡張をはかった。このようなさまざまな経験と人脈の形成がその後の大川の事業展開に深く寄与していることは間違いない。

このタイプの経営者としてもう一人、梅浦精一(一八五二〜一九一二)を紹介しておきたい。梅浦は、一八七九(明治一二)年に東京商法会議所で事務を担当している時に渋沢の知遇を得て登用され、一八八一年に横浜連合生糸荷預所の支配人、一八八二年に倉庫金融両会社の取締役兼支配人を任された。その後の産業界での梅浦の関係会社としては東京石川島造船所・広島水力電気・北越石油(浅野系)などがあり、これらの関係のあった会社の多くは渋沢の関係した会社で、「渋沢栄一股肱の一人」と紹介されるように渋沢の片腕ともいうべき経営者の一人であった。梅浦は「事務の整理に長じ」「外交折衝の術に長じ」「何れの方面の経営画策に参与してもよく事業の真髄を理解して業績を高め、名声あがり、実業界一方の雄将を以て目された」との評価も残っている。事実、石川島造船所の浦賀船渠への新造造船所の売却や、北越石油の宝田石油への吸収など困難な交渉を渋沢の指揮の下でおこなった。

第一国立銀行の経営者たち

さて、渋沢の中核ビジネスとも言える第一(国立)銀行に集う経営者たちは渋沢の経済活動にどんな役割を果たしたのであろうか。第一国立銀行はもともと三井がその株式の半数前後を保有する銀行だったのであるが、中上川彦次郎が三井をリードする時期に株式の売却が進み、一八九六年の普通銀行転換の数年後にはほとんどが売却されている。渋沢の談話に「三井ではその後中上川が渋沢の下に付くのは厭だと云って株を売った。殆ど売って八郎次郎氏の株が少し残ったばかりでした。私は之を買ったのです。かく株を売って了ったが喧嘩はしなかった。併し右の株を売ったのは三井主人の考えから出たのではなく、中上川の意向でありました」と記されている(『伝記資料』別巻第五)。

三井と渋沢の関係は明治前半期においては、多くの事業を渋沢の提唱、三井の出資の形で手がけるものだったが、明治中期になると中上川の主導によって渋沢・三井の共同事業のうち、「三井とは縁故は深いが、三井系以外のものに経営の実権のある第一銀行・日本銀行・日本鉄道・利根運河等の企業の株式は売却し、その資金で鐘紡・王子製紙・北海道炭鉱鉄道等の株式を購入して完全に三井の傘下に置いた」とあるように、はっきりとした事業の選別がおこなわれた(『三井銀行一〇〇年のあゆみ』、『王子製紙社史』第二巻)。

経営面でも三井の影響は低下し、取締役は西園寺公成、佐々木勇之助、熊谷辰太郎、須藤時一郎、日下義雄など、渋沢との縁が深い経営者たちで占められるようになった。これらの役員たちは東京貯蓄銀行、東京石川島造船所、磐城炭鉱、東京瓦斯、大阪瓦斯、二十銀行といった渋沢と関係の深い会社、京釜鉄道、韓国興業といった渋沢が主導した朝鮮半島でのビジネスなどに関わっていく。取引先の会社にメインバンクから役員が派遣される一つのモデルを作り上げたと見ることもできよう。

3　会社運営チームの派遣

以上述べてきたことからわかるように、渋沢にはすべてを任せた腹心の部下がいたわけではなかった。学歴や経歴を問わず、幅広い人脈からこれぞと思った人材を数多く登用し、多数の経営者たちとビジネスを切り盛りしていった。一緒にビジネスに取り組んだ経営者にはさまざまなタイプがいた。セメント業などで有名な浅野総一郎のようなアイデアにすぐれた独創力のある人、札幌麦酒の植村澄三郎のような実務力・交渉力に長けた人など、さまざまなタイプの人材を適材適所に起用していったのであった。

経営陣の構成方法

渋沢の関係する会社の経営陣の構成をモデル化してみよう。自分と共に大株主になってくれる人を捜して経営陣に引き込む。次に責任感が強く高潔で、任せて安心な専務取締役を据える。そして新知識を身につけた若い技術者を大学からスカウトして、一年くらい欧米に勉強に行かせて技師長にする。さらに締めは会計係で、時には自らの第一銀行からお目付役とも言うべき人材を送り込む。これは少し理想的すぎるかもしれないが、渋沢はこのような運営チームとも言うべき経営陣のセットを次々にしつらえていった。そのチームは時には地元の経営者を交えたものであり、時には三井や三菱系の経営者を交えたものでもあった。財閥や学閥・学歴にははっきりと色分けされない、しがらみにとらわれない最適の人材を適所に配置できたところが渋沢の何よりの強みであったろう。

トラブル対処を重視

多くの人との協働によって多数の会社を間違いなく運営していくために、渋沢は三〇分刻みで自分が関わる会社の専務取締役や支配人からこまめに会社の状況を聞いていた。その報告の中で、これは早めに対処しなければ大事になるという危険信号を捉えていった。このように通常の運営は現場に任せていたが、会社にトラブルが起こりそうな時などは素早く大胆に動いた。自らが必要な場所に足を運び、対応策や再建策を見出し、また紛糾する株主総会でも社長に代わって議長役を引き受け、事を納めていったのである。

4　竜門社による次世代経営者の育成

竜門社の発足

以上、少し長くなったが、渋沢のビジネス・パートナーたちを紹介してきた。その多くは自らの才覚で新たなビジネスチャンスに果敢に挑んでいった独立心の旺盛なベンチャー型の経営者たちであった。ところで、ビジネスが拡大・成長するにつれて大量に必要になる中間管理者層や次世代の経営者はどうやって調達・育成したのだろうか。それに寄与したのが竜門社であった。

竜門社は一八八五(明治一八)年に、深川の渋沢邸に寝起きする書生たちの集まりから出発した組織である。その後、機関誌を発行し、徐々に「農商工に関する事項を研究討議し実業上の知識を開発するを以て目的」とする、比較的若い世代のミドルマネジメントクラスに対する教育・啓蒙機関となっていった。

社長に栄一の嫡男・渋沢篤二、幹事に尾高次郎(尾高惇忠次男・韓国興業会社専務取締役)、委員に斎藤峰三郎・松村五三郎が就いている。斉藤峰三郎は東京高等師範学校を卒業し、一八八七年に第一国立銀行に入行、文書課長兼渋沢の秘書役となり、一八九七年に東京海上副支配人に転出し、後に斎藤ビルブローカー社長となった。一八九四年の『竜門雑誌』には嫡男・篤二と並んで新年の挨拶を掲載しており、竜門社の社員の中でリーダー的存在であったことがうかがわれる（『竜門雑誌』第六八号）。

運営の中心は、佐々木勇之助（一八八一年から第一（国立）銀行支配人、一九一六年から頭取）・市原盛宏（朝鮮銀行初代頭取）、佐々木清麿（第一銀行本店営業部副支配人）、石井健吾（一九三一年から第一銀行頭取）などの第一銀行関係者、阪谷芳郎・穂積陳重・八十島親徳、橋本明六（渋沢家事務所員）らの渋沢同族関係者、そして堀越商会主の堀越善重郎、東京印刷株式会社の星野錫、清水組の清水釘吉、日本煉瓦の諸井恒平、東京瓦斯の福島甲子三、大日本麦酒の植村澄三郎らの渋沢の周辺経営者層であった。

特別社員と通常社員

竜門社の会員には二つの区分けがあった。「特別社員」は社長・店主・専務取締役・常務取締役・取締役といったトップマネジメント層がまずその資格者であった。さらに、支配人・部長・課長・係長・主事といった本店管理者（総務・庶務・営業・計算・工務・調査などの部署）・支店支配人・副支配人・助役・出張所主任といった出先機関の管理者などの広範なミドルマネジメントまでが含まれていた。もう一つの「通常社員」は一般社員・行員と学生などであり、その後、係長・支配人等へ昇進して特別社員になるような若手社員層を中心としていた。

総集会と月次会

竜門社の主催する会合としては、大きく分けて二種類の会合が存在した。一つは「総集会」と呼ばれて春秋、年二回開催され、最盛期には三〇〇名あまりが参加する大きな催しであった。開催場所は料亭・料理屋・ビール工場など、毎回異なった場所が選ばれ、娯楽的な意味合いを兼ねた会合であった。もう一つが「月次会」であり、初期から開催されていた小会合であった。一八九〇年頃の記述では毎回六〇～八〇名が出席し、会員相互の演説や識者の講演をふまえてお互いに意見交換する会合であった。一九〇〇年代には政府の経済政策、欧米や韓国等の経済・ビジネス事情といったテーマが演題に選ばれ、その講演に対しても比較的自由闊達な意見交換がおこなわれていた。

阪谷芳郎と堀越善重郎

この竜門社の会合でたびたび講演をおこなっていたのが、阪谷芳郎と堀越善重郎であった。阪谷は渋沢の娘婿で大蔵官僚から大蔵大臣、東京市長を歴任した。一八九七年から大蔵省主計局長、一九〇一年から大蔵省総務長官兼主計局長、一九〇三年から大蔵次官、一九〇六～〇八年大蔵大臣と、大蔵省内で重要ポストを歴任していった。これらの演説はまさにこの大蔵省内の重要ポストに就いているときの発言であり、若手少壮官僚の談話を直に聞くことができたのは会員にとっておおいに有益であったろう(『阪谷芳郎伝』)。

もう一人、頻繁に講演に立っている人物として堀越善重郎があげられる。一九〇六年一一月の秋季総集会では「貿易政策」と題して講演し、保護関税政策が日本に必要な時期に来ていることを欧米各国の経済政策を論じながら主張している(『竜門雑誌』第二二二号)。一九〇八(明治四一)年一二月の月次会では「米国現時の経済状態及び其の将来」という題で講演し、アメリカが将来、太平洋方面、特に貿易面で中国に進出してくる可能性の高いこと、そのための備えをしなければならないことを主張している(『竜門雑誌』第二四七号)。

堀越善重郎は、一八八三(明治一六)年に東京商法講習所を卒業し、米国メーゾン商会に入社、一八八六年に同日本支社を開設、一八九三年匿名組合堀越商会を創立している。堀越商会は益田孝が堀越を渋沢に引き合わせ、渋沢と森村市左右衛門らが出資して絹織物等を直接に輸出する目的で設立された。その後、扱う商品を綿布、その他雑貨などにも拡げ、出先での卸売業をも兼ねた。ニューヨーク、シカゴ、ロンドン、シドニー、メルボルン、ブリスベンに支店または出張所を開設している(『竜門雑誌』第五七二号)。一八九六(明治二九)年に事業が苦境に陥ったときには渋沢が資金を融通して助けた。八十島親徳の弟樹次郎が同商会の支配人を務めており、渋沢と密接な関係にあった貿易商である(『伝記資料』第一四巻)。

「青淵先生七十寿祝賀式」で演説する栄一(1910年,「青淵先生,想い続けて120年——竜門社の歩み」より転載)

以上述べたように、一般的には渋沢の晩年の「論語と算盤」精神の普及活動のイメージが強い竜門社であるが、明治三〇年代にはきわめて広範なトップマネジメントやミドルマネジメント、さらにはその予備軍たる基幹社員の教育・啓蒙機関として機能していた。しかも渋沢と資本や役職で関係のある会社だけでなく、さまざまな意味で渋沢に援助を受けた会社を広範に含んでいた。また社会福祉施設や教育関係などの分野でも渋沢と関係のある組織の事務担当者も関係していた。安達憲忠(東京市養育院幹事)、麻生正蔵(日本女子大学学監兼教授)、西田敬止(東京女学館主事)、蓮沼門三(修養団主幹)、丹羽清次郎(YMCA幹事)など、渋沢が関係した教育・社会福祉・修養・道徳関係の諸団体の主要人物であり、さらに大学教授・教員、医師、著述業、弁護士、代議

教育・啓蒙機関として

士、役人・官僚など多種多様な職業の人も多数含まれていた。

5　地縁・血縁者たち

最後に紹介する人的ネットワークが同族である。渋沢にとって「同族」はどのように意識され、どのような位置づけがなされていたのだろうか。

学究肌の尾高惇忠

幕末以来、尾高惇忠や渋沢喜作が同郷出身の同志であった。尾高は栄一・喜作らとの高崎城乗っ取り計画の中止後も村に残った。一時的に捕縛されたが釈放され、その後、喜作と合流して幕府方として彰義隊・振武軍に参加した。攘夷思想に強く影響を受けていたわけだが、慶喜の人柄にひかれその汚名をすすぐためとの思いを強くもったからだったようである。飯能で敗れて、後に渋沢家の秘書役となる秩父・大野村の柴崎確次郎らの計らいでかくまわれ、帰村することができた。栄一がフランスから帰国して静岡に赴くと、それに従い静岡藩の勧業付属の役名をもらい『移住士族授産方法書』という書物を著したりして殖産興業や農業開発の指導に当たった。さらに民部省の玉乃《たまの》世履《よふみ》の知遇を得て一八七〇(明治三)年に民部省監督権少佑となり、地方との窓口役とも言うべき聴訟・建白の任にあたった。

すぐさま、勧農局富岡製糸場長として上野国(現・群馬県)富岡に赴任する。一八七六年に辞するまで製糸場の建設から工場の稼働、女工募集、技術移転をこなし、さらには原料となる繭の増産手法までも伝授した。この間、尾高の役職も勧業大属の地位まで昇進していた。その後、一時的ではあるが、東京府瓦斯局、東京養育院の事務取締、蚕種会議局会頭などを務め、一八七七年からは渋沢の要請で第一国立銀行に入り、盛岡支店支配人を一〇年務め、仙台支店支配人に転じて一八九二年まで勤務した。東北地方の支店は農工商関連の会社設立を支援するなどして、開設後しばらくは順調に発展した。しかし、一八八一年の恐慌以降業績が振るわなくなり、その後の地方銀行の成長などもあって一九〇〇年代までに閉鎖された。尾高はそれに先立ち六三歳で第一銀行を辞め、故郷深谷に帰って引退生活に入った(荻野勝正『尾高惇忠』)。

尾高は多くの農事書を残していることからもわかるように、どちらかというと農村に根差した学究の人であった。その才能を見込んでの渋沢による起用であったが、盛岡時代に無担保で貸し付けて一時的に貸付けが焦げ付くなど、経営者となるタイプではなかった(『伝記資料』別巻第八)。

失敗に終わった渋沢喜作の起用

渋沢喜作は栄一の渡仏後、幕府の奥祐筆にまで出世し、彰義隊、振武軍、五稜郭で幕府方として戦い、投獄の後に一八七一年に特赦された。栄一の計らいで大蔵省勧業課に出仕し、海外派遣の機会も得ている。帰国後しばらくして、小野組に入社、さらに独立して深川で米問屋をはじめ、横浜に生糸問屋渋沢商店を開いた。

しかし一八八一年には米相場、一八八三年以降にはドル相場等でたびたび巨額の損失を出し、ついには七〇万円の損失を抱えて、家業を長男の作太郎に譲ることを条件に栄一が借金を肩代わりして整理している(『伝記資料』第一五巻)。渋沢はこのような喜作に何度もチャンスを与え、一八七八年の洋銀取引所設立、一八八一年の聯合生糸荷預所などの開設にあたっては喜作を参加させている。その他にも東京人造肥料会社の設立時の委員、その後に取締役、一八八八年の製藍会社では栄一とともに設立を主導、十勝開墾合資会社では業務担当社員、東京商品取引所の理事長などのような要職に就かせている(渋沢華子『徳川慶喜最後の寵臣　渋沢栄一』)。

それらの中で喜作は一八九四年に設立された北海道製麻株式会社で再び大きな損失を出すことになる。渋沢同族会議案と会議録によると、喜作が会長を務めた北海道製麻は八万数千円の損失を出した。栄一は監査役としての職責と、縁故上世間に知れることが忍びないとして、三万円は喜作の渋沢商店が、四〇〇〇円を息子作太郎が、二万円を喜作の所有する北海道の地所を引き継いだ田中源太郎が、数千円を喜作の慰労金として処理、栄一が一〇〇〇円を負担した。さらに白金にある喜作の地所家屋を抵当に第三銀行から二万五〇〇〇円、同地所を一番抵当にして二十銀行から同じく二万五〇〇〇円借り入れていたのを、表面上は尾高幸五郎を保証人として第一銀行への借入にして付け替え、喜作・作太郎親子が将来弁済できない場合は栄一が肩代わりすることを決めている。喜作は同じ北海道で社長に就任した十勝開墾合資会社でも同様の失敗を繰り返した。

喜作は途中から栄一と歩む道を異にしたことに象徴されるように、理詰めというよりは一攫千金の勝負事を好むタイプであった。それゆえに横浜で米国や生糸を扱った渋沢商店は比較的早い段階で相場に敗れ、それ以外に栄一によってあてがわれたいくつかのビジネスでも上手な切り盛りをすることができず、一九一二年に七五歳で没した。

渋沢家周辺のサポート役として

尾高や渋沢喜作らは、渋沢から銀行業やさまざまな近代的な製造業の立ち上げにあたって、その一翼を担うことが期待された同郷の士であったが、その期待に十分にこたえることができなかったと言えよう。尾高や喜作はそれぞれにビジネス面での失敗などもあり、帰郷したり、引退したりとそのつながりは次第になくなっていった。

それ以外の同郷の親戚筋として、維新の荒波を潜り抜けた同志として頼りにもし、引き上げもした近しい者たちもいた。秘書的な役割を担った尾高次郎や芝崎確次郎をはじめとして、ビジネス上の周辺経営者となっていった大川平三郎や石井(桃井)健吾のように、一部に地縁・血縁者を配置することも見られた。しかしその起用の仕方は、まさに渋沢の家やその周辺を固めるサポート役としてであった。

6　新しい渋沢家の創出

このような同族との関わりの変化の中で、渋沢にとっての同族は東京に居住してからの自らの子どもらとのつながりとなっていった。子どもらが結婚し、それぞれに一家を構える年齢になると、新しく組織的・制度的に同族を捉え、家法を制定して、それに基づいて同族を運営するようになった。その考え方は少しユニークであった。娘は次代を担うエリートに嫁がせたが、それは同時に渋沢が不得意な分野で助言してもらい、その経済・社会活動の一翼を担う入り婿になってもらうことでもあった。

長女、穂積陳重と結婚

長女・歌子が嫁いだのが穂積陳重であった。穂積は一八五五(安政二)年、伊予宇和島の上層藩士の家に生まれ、藩校明倫校で国学、漢学を身に付けた。維新後、藩から選抜された貢進生となり、大学南校に入学、法学部に学んだ。一八七六

(明治九)年、文部省の第二回の留学生としてイギリス、ドイツで約五年間学んで、一八八一年に帰国し、東京大学法学部に講師として入り、翌年には二七歳で教授、法学部長となった。

歌子(一八六三年生まれ)との結婚については、宇和島藩の伊達宗城の家令をしていて第一国立銀行の取締役となった西園寺公成が仲介したようである。渋沢が穂積を長女の婿に選んだのは郷里の人間関係を離れて「新しい一家の創設」をしようとしたもので、宇和島出身者を代表する伊達や西園寺からはぜひとも実現したかった縁談でもあった(穂積重行『明治一法学者の出発』)。渋沢による穂積の追悼文に「歌子は長女でもある関係上、私の家庭の相談相手になるようにと考え、……一族同様になる結婚をさせて、相援けあいたいものであると思うていた」とあり、自らの相談役を期待したものであったことがわかる(『竜門雑誌』第四五二号)。

穂積は一八八一年六月に留学から帰国し、同年八月下旬にお見合い、一一月に結納、翌年の四月二五日に婚礼の祝宴がおこなわれた。媒酌人は宇和島出身の法曹界の大先輩、後に大審院長となる児島惟謙《これかた》、来賓に東京大学綜理(後の総長)加藤弘之、財界から大倉喜八郎、古河市兵衛、その他は親族、第一国立銀行関係者など延べでわずか五〇人ほどの出席者であった。政財界から広く出席してもおかしくないところであろうが、比較的近い関係に限られた披露宴であった(穂積重行編『穂積歌子日記』)。

婿は民法の先駆者

歌子は穂積家に嫁に行ったのではあったが、深川福住町の渋沢邸内に住むこととなり、自ら、「お婿さんをもらったと同じようなもの」と述べている。穂積は日本の法律家の先駆けとして飛び抜けた高給で遇された東京帝国大学での地位があったが、

穂積夫妻と篤二(1885年)　両端が穂積陳重・歌子夫妻，中央が次女・琴子，その右が篤二

それにプラスして渋沢家の経済的な支援を得られるという点では普通では望み得ないほどの縁談であったろう(穂積重行『百年前の国家と大学』)。渋沢家にとって法律家、特に民法の専門家に長女を嫁がせたことの意味は深い。穂積が経済的支援の傍らで同時に背負わされた宿命も大きかった。渋沢から持ち込まれる多数の社会事業への協力をおこない、他方で親類縁者を含む渋沢一族の事実上の長男役を果たさなければならなかった。一八八八年に一六歳の長男・篤二を穂積家で預かって養育することなど、それは多くのトラブル処理を含むものであった。

渋沢家はこの時期家族関係が大きく変化した時期でもあった。一八八二年に妻の千代が四一歳で病没した(一

八四一〜八二)。その翌年の一八八三年に兼子と再婚している。渋沢自身の言葉として「穂積と縁組した年に、私の先妻が亡くなった。別な妻を迎えねばならぬ、その当然の結果として異母兄弟が出来るような事情になったから、かくては何かにつれて問題も起りやすい」として穂積に相談し、「私の家を宗家としてその他を同族とし、子供達の生活を出来るだけ平等にする、但し何か事業をやりたいという者にはそれをやらせる、商売ならば商売を、学問ならば学問を自由に好きなようにさせて、窮屈でなく、銘々の生計にも進むべき方針にも不平の出ないように、お互い人情に基づき、親しい間にも徳義を重んぜしめるような法律を作ることになった」と説明している(『竜門雑誌』第四五二号)。

必要になった家法

渋沢には、他の明治期の成功者がそうであったのと同様、正妻以外にも子をなした女性がいた。しかも同じ屋敷内に生活していたのである。財産ができ始め、子どもが成人し始める時期にあって、家族のあり方、将来の姿に思いが及び、今のうちにきちんと体制づくりをしなければ将来に禍根を残すことになりかねないとの思いが生じた時期でもあった。

財産を共有または分与する家族の定義を明確にし、家産の増減をきちんと管理し、当面は栄一が一人で負うビジネス上のリスクが家産に与える影響を最小限にし、将来子どもらがおかすかも知れない同様のリスクを同時に統制する必要があった。それらを家法という明文化された条文とし、家産を集計していく仕組みを作る必要があった。栄一に足りないのは法律上の知識や知恵であり、家族の財産という私的なものを取り扱う以上、家族の一員にぜひともほしい分野から穂積を人選したのであった。

渋沢同族会の始まり

渋沢同族会は、一八八九（明治二二）年九月に第一回会合が開かれ、一八九一（明治二四）年には家法が制定され、その後毎月一回定期的に開かれていった。渋沢同族会は、「同族の財産及年々の出入を監督せしむる」目的で、正式な渋沢の家族の資産管理をおこなっていた。同族会の構成メンバーは「当代栄一君嫡出の子及びその家督相続人併にその配偶者に限り」「未成年者の配当分は宗家に属し男子は成年に達する時女子は婚嫁の時よりこれを分与する事とす」と定められた（『伝記資料』第二九巻）。家法においては将来において同族が増えることを許しておらず、宗家を中心とし、同族会の議を経ないで他家の保証人となったり、負債をおこしたり、株主や役員になったり、投機的であったり道義に反する商売に従事したりすることが禁止された。また同族間の紛議を裁判所に出訴することも禁じられた。

初期の構成メンバーは、渋沢栄一、兼子夫人、長男・篤二、敦子夫人、長女夫妻である穂積

渋沢同族会の記念撮影(1928 年，飛鳥山の自宅で)

陳重、歌子、次女夫妻である阪谷芳郎、琴子であった。穂積、阪谷はこの時期はいまだ若手の学者・官僚であり、ある程度金銭的な援助をおこなって渋沢が資産管理に配慮していたものと思われる。一九〇九(明治四二)年六月に栄一が第一銀行等を除いて大半の関係事業から引退した頃の出席メンバーは栄一、同夫人兼子、篤二、同夫人敦子、穂積陳重、同夫人歌子、阪谷芳郎、同夫人琴子、次男・武之助(二三歳)、三男・正雄(二〇歳)であった。これと前後して、一九〇九年一月に三女・愛子が明石照男と婚約(『伝記資料』第五七巻)し、一九一〇年一二月に挙式している。一九一〇年七月から愛子は同族会正員となり、一二月の婚姻後、夫・明石照男も列席し始めている(『渋沢同族会会議録』一九一〇年七月三〇日、一二月二七日)。

この家法は渋沢自身の考えをもとに穂積が原案を作成した。渋沢の同族に対する考えとは、「家と経営を分離する」ことであり、同族会としての規定と会計処理のルールを整えることで合本主義と同じような機能をもたせた。すなわち、ビジネスは合本＝株式会社とすることで組織に公共性をもたせ、会計原則にのっとってルール通りに運営する枠組み、または縛りをもたせた。同族会によって有資格者を規定し、有資格者はルールに則った財産の分与を得ると同時に同族会員として自覚をもち、責任を果たすことが求められた。経済活動を軸に据えた上で、社会に対して貢献できる家族であることが求められた。

家と経営の分離

渋沢は自らの家法を制定する以前に、ビジネス上のつきあいの深い他の一族の家憲と家法の制定にも関わっていた。それには穂積の力が大いに頼りにされた。三井家では三野村が全権を振るう時期から渋沢は「監視督令」を依頼されていたが、一八七七年の三野村の急逝により三井家の相談役となった。一八九〇年の家政改革において、井上馨とともに相談役として加わり、さらには穂積が三井家の家憲草案作成を委嘱されている。

三井家の家政改革

穂積は三井組を民事上の組合として組織することを提案した。三井家を従来からの八家に三井物産を担った武之助、養之助、三越家相続人を同族に加えることを織り込み、同族を一一家に固定してそれ以上に拡大しないことを定めた。また財産は共有財産と各家家産で構成され、最高の意思決定機関が同族会議であった。三井組重役も構成員であり、投票権ももった。一八九一年末には三井家仮評議会が開催され、渋沢も出席し、一八九三年一〇月には三井家同族会が正式に発足した。さらに一八九八年から穂積が関わり三井家家憲の制定が動き出した。一九〇〇年に施行されたが、これは家父長制的原理によるものであり、三井家内部の紛争を裁判所に提訴することを禁止し、井上馨を終身の三井家顧問として裁断をゆだねたのであった。三井家元方が三井家同族会事務局と改称された(『三井事業史 本篇第二巻』)。

この間、一八九二年には中上川彦次郎の三井銀行副長就任と同時に、渋沢が相談役を解職されるなどの軋轢もあった。中上川は三井と渋沢が関連するいくつかのビジネスで主導権を握ろうとし、王子製紙に対しては藤山雷太を送り込んだので、渋沢と専務取締役の大川平三郎は一八九八年に同社を辞任している。中上川が三井内で失脚する一九〇一年までこの軋轢がつづいた。

清水家家法の制定

もう一つ家法の制定に関わったのが築地ホテルや第一国立銀行などの擬洋風建築で有名な清水屋(清水組、現・清水建設)で、東京と横浜を中心に三井や渋沢の支援を受けて近代的な建築業としての基盤をつくっていた。一八八一年に二代清水喜助が死去した後、三代となった婿養子の満之助が一八八七年にわずか三四歳で急逝してしまう。満之助はすべてを渋沢に相談するよう遺言を残しており、未亡人ムメは相談役の渋沢の指示に基づき従弟の原林之助を支配人とし、支配人制度の明確化と「営業規則」を整えた。また、まだ一〇歳の長男喜三郎に四代満之助を襲名させた。さらに清水武治によって経営されていた東京店を吸収し、経営を一本化して、帝国大学工科大学造家学科を卒業した親類の小野釘吉を長女タケの婿に迎えた。この釘吉から渋沢への家法制定の依頼を受け、穂積は一八九二年に「清水家家法」を制定する。これによって清水家の同族は三代満之助の四人の嫡出の子とその配偶者のみとすること、満之助一家を宗家とし、最高意思決定会議を月一回開催される同族会議として渋沢と支配人原林之助も参加することとした。その後一九〇〇年に、清水家の同族会議は相談役や支配人も同列の構成員とする元方会議に変わった(『清水建設百五十年』『清水建設二百年』)。

渋沢と穂積は、三井という江戸時代以来の多くの主人筋が残る商家の同族団、清水組という棟梁から近代的な建築業に脱皮しながらも、代々婿を入れながら家業を維持する同族とを同じような家法と同族の仕組みで位置づけたことになろう。基本は家と経営の分離であり、家産、すなわち同族の地位と財産を守りつつも経営する事業とは一線を引き、家と経営の双方が一定の規律の中で存続することをめざした。これは渋沢家にも当てはまるものであった。

その後の穂積

その後、穂積は一八九三年には法典調査会の民法起草委員に選ばれ、民法は一八九八年に施行された。一九〇五年には日露戦争後のポーツマス講和会議の結果に対して政府批判を唱え文部省から休職処分を受けた東京帝大法学部の戸水寛人教授の事件に対処するなど大学行政でも多忙を極めた。生涯のライフワークである『法律進化論』の執筆は遅々として進まず、一九一一年、五五歳で東京帝国大学を辞任した。しかしながら一九一六年に枢密顧問官、一九一九年臨時法制審議会総裁、一九二五年枢密院議長に任命され、この間の一九一七年には帝国学士院院長にも選出された。一九二六年に七一歳で逝去し、学者官僚として最高の地位に達したが、生涯の研究テーマ『法律進化論』は未完に終わった。弟・八束、長男重遠とも東京帝国大学法学教授という法律一家であった（岩波文庫版、穂積陳重『法窓夜話』の福島正夫による「解説」）。

次女の婿・阪谷芳郎

次女・琴子が嫁いだのは阪谷芳郎であった。阪谷は一八六三（文久三）年、阪谷朗盧の四男として備中江原村の郷校・興譲館に生まれた。一八六五年に渋沢栄一が一橋家領内から人材発掘のため同地を訪れた際、朗盧と面会している。一家は一八七〇年に東京へ転居し、父・朗盧は一八七二年に明治新政府に出仕した。芳郎は一八七六年、東京英語学校に一三歳で入学する。金井延や添田寿一、穂積八束、内村鑑三、高田早苗などが相前後して学んでいる。

一八八〇年、一七歳の時、東京大学文学部理財科に入学した。同期は一三名であった。三・四年時には渋沢栄一による『日本財政論』を受講している。一八八四年に卒業して大蔵省に入省し、同時に専修学校で経済学・財政学を教授した。一八八六年には大蔵省主計官に任じられた。

一八八八年に渋沢の次女・琴子と結婚した。媒酌人は帝国大学総長・渡辺洪基であり、前年に渋沢から招待を受けての見合いによるものであった。長女を新進気鋭の法律家に嫁がせ、次女は大学卒の経済官僚第一号とも言うべき阪谷に嫁がせた。阪谷は漢学者の家に育ち、新しい時代の担い手として近代的な経済教育を受けた高級官僚候補であった。穂積と同様、またはそれ以上に政治的経済的な後ろ盾を持たない阪谷は入り婿に近い位置づけであった。

渋沢にとって先妻との間の娘二人の連れ合いは、拡大し始めた新しい一族にとって新しい知識と旧来の常識をも兼ね備えたご意見番であり、相談役であり、代理人であることを期待されるものであった。

大蔵大臣から「百会長」へ

その後、阪谷は松方財政を支える中心となった。一八九三年に貨幣制度調査会が設けられ、金本位制論議が始まった。金本位制は松方正義の強い意向で導入され、銀本位制維持の意見の多い中、阪谷がもっとも強力な推進者となり、導入に尽力している(中村隆英『明治大正期の経済』)。この時、渋沢は財界の代表として金本位制導入に大反対であった。一八九四年に日清戦争が勃発すると阪谷は広島大本営附を命じられ、一八九七年に三四歳で大蔵省の主計局長、一九〇一年に同省総務長官兼主計局長、高等官一等となった。一九〇三年に四〇歳で大蔵次官、一九〇六年には西園寺公望内閣の大蔵大臣となった(〜一九〇八年)。一九一二年から一九一五年にかけて東京市長を務めたが、官吏・行政官として存分に腕を振えたポストはここまでであった。

阪谷は一九一七年に貴族院議員となり、一九二四年に専修大学学長、竜門社理事長、さらに一九三四年に専修大学総長となっていく。義兄の穂積は研究上の総仕上げをするために東京帝国大学を辞したにもかかわらず、一九一六年に枢密顧問官を拝命して再び激務の日々となっていた。よって渋沢一族の社会事業関係には阪谷が駆り出されることが多くなっていった。阪谷は「百会長」と称され、実に多くの団体に関わった。代表的なものとしては日米関係委員会、竜門社、大日本平和協会、国際連盟協会、帰一協会、太平洋問題調査会、東京経済学協会、明治神宮参奉会、日米有志協議会、日米協会、貨幣制度調査会などが挙げられる。国際関係に関わるものが比較的多いのが特徴である。

貴族主義者

しかし、その思想信条は必ずしも渋沢と完全に合致するものではなかった。例えば、帰一協会にも参画するが、会の中心的存在の姉崎正治は阪谷に対して「阪谷はあらゆる方面で、義理の父（渋沢）を助けていますが、この義理の子はいささか反動的になりつつある、「反動的」ということばが強すぎるとすれば、父よりもリベラルでなくなりつつある」と言っている（磯前順一、深沢英隆編『近代日本における知識人と宗教』）。阪谷の生活ぶりは彼の伝記に「貴族主義者」と記されるように、退官後も二頭立て馬車で出かけるプライドを保ち続けた。渋沢が「阪谷も金を費やす方の仕事ばかりしていないで、少しは金の入る道がなくては、台所も苦しいだろう。それにただ天下国家を論ずるばかりでなく、少しは実地の仕事もしなければ、識見が地につかない」と考え、いくつかの会社の役員に就任させている。一九二〇年からの東京湾埋立会社や沖電気株式会社の取締役、一九二六年からの浅野超高セメント株式会社の取締役などであり、さらに一九二八年に仙石原地所株式会社社長、一九三〇年に箱根温泉供給株式会社取締役会長に就任している（『阪谷芳郎伝』）。

同族会の厳格な運用

それぞれの関わり方や個人としての思想信条があったとはいえ、穂積・阪谷の二人の実質的な娘婿らに守られ、同族会は課された役割を果たせないメンバーは嫡男といえども排除するという厳格な運用が課せられた。すなわち渋沢家にとって重大な変更は一九一二(明治四五)年一月、栄一の長男・篤二の廃嫡方針を同族会で決定したことである(佐野眞一『渋沢家三代』)。一九一二年一一月一〇日に臨時に開催され、一九一三年一月に篤二の廃嫡が正式に決定した。また、一九一二年一〇月に秀雄が成年に達し正員となった(『渋沢同族会会議録』一九一二年一〇月二九日)。

渋沢同族株式会社設立

一九一五(大正四)年一月に家法が改正され、同年四月に渋沢同族株式会社が設立されるが、設立後も同族会は別途存続した(『渋沢家三代』『伝記資料』第五七巻)。

渋沢同族株式会社は、「家族の生活を成べく公平に且安全にする為めには、僅少ながら私の一家の財産を共同に保持して、成るべく丈け相協和して生計を営むやうにしたい」という意図で動産・不動産・有価証券の取得・所有・利用・売却などを目的として設立された。資本金は三三〇万円で、株式は渋沢栄一が一〇〇〇株、同族六家が各三〇〇株、孫で宗家当主に指名された敬三も三〇〇株、その他の保有であった(『伝記資料』第五七巻)。社長には栄一の孫の敬三がついたが、敬三はこの時点で未だ学生であり、社務は当分栄一自身が見ることが記されていた(『渋沢同族会会議録』一九一五年三月三一日)。

栄一の子どもたち

その後の栄一の子どもたちの生涯を紹介しておこう。

次男・武之助(一八八六年生まれ)は株式会社石川島飛行機製作所取締役社長を務めた

ようだが、ほとんど履歴が知られていない。三男・正雄(一八八八年生まれ)は大正時代に渋沢貿易株式会社を設立するが大失敗し、負債を栄一に処理してもらい、一年間の同族資格停止の処分を受けている。その後、石川島自動車や昭和鋼管の社長を務め、一九三〇年には石川島飛行機製作所を設立して社長となっている。三女・愛子(一八九〇年生まれ)は明石照男と結婚し、明石は後に第一銀行の頭取となった。四男・秀雄(一八九二年生まれ)は一九一九年に田園都市株式会社の取締役となり、一九三八年、株式会社東京宝塚劇場取締役会長となった。一九四六年に公職追放を受けて文筆業に転じた。

渋沢敬三(右端)　豆州内浦長浜(静岡県)で，古老，大川四郎左衛門を囲んで(1932年)

これらの叔父たちがいる中で当主の指名を受けたのが敬三(一八九六年生まれ)であった。父・篤二の廃嫡が決まった時、敬三は未だ一六歳であった。一九二一年に東京帝国大学経済学部を卒業して横浜正金銀行に入りロンドン支店勤務となった。一九二六年に第一銀行に入って取締役となり、一九三一年に栄一の死去により家督を相続した。一九四二年日本銀行副総裁、一九四四年同総裁、そして一九四五年に幣原内閣の大蔵大臣として、戦後混乱期のインフレ対策として預金封鎖、新円切り換え、財産税導入という緊急金融政策を断行した。範を示して三田綱町の五〇〇〇坪の土地と屋敷を財産税の代わりに物納し、財閥解体に対してもその規模でないとの当局の判断を断り、進んで財閥指定を受け入れた。公職追放解除後、一九五三年から国際電信電話株式会社社長を務めた。敬三はこれらの渋沢家の当主としての職務を果たしながら、柳田国男等の影響を受けて傾倒した漁業史・民俗学研究へも関わり続けた。それがアチック・ミューゼアム（その後、日本常民文化研究所）であり、自らも週末に地方を回り、岡正雄、宮本常一、網野善彦ら若い研究者を熱心に支援した。

第四章　「民」のための政治をめざして

――自立のための政策を提言

アメリカ滞在時の栄一(1909年)

1　日清戦後の経済政策と経済動向

渋沢は官を辞して民間の経営者となったが、政府との関与が皆無となったわけではなかった。民の自立のために必要な行動であれば、政治、特に経済政策に対して積極的に発言し、行動し続けたのであった。そこで、本章では渋沢が国家的な枠組みや経済についてどのような認識に基づいて企業家活動を考えていたのかについて触れていこう。渋沢の企業家活動の最盛期ともいえる、日清・日露戦争前後の時期における経済政策に対する渋沢の経済認識について多少詳しく検討する。

外資導入への積極的発言

日清戦争後は、開国以来続いていた植民地化の危機を乗り切って、日本のおかれた国際環境が大きく変化した。日本は対露戦の準備に邁進し、その結果、経済を取りまく環境が激変した。金本位制の採用や条約改正等で欧米先進国との国際秩序を強く認識するようになった時期と言われている(石井寛治『日本の産業革命』)。その意味でこの時期は近代日本にとって大きな画期となった。そしてもっとも大きな経済政策上のテーマが「外資導入問題」であった。これに関しては渋沢も積極的に発言・行動している（波形昭一「日本興業銀行の成立と外資導入」）。

一口で外資導入といってもその具体化のためにはさまざまな手法があり、かつ整備しなければならないさまざまな諸条件があった。そこで外資導入問題に関係してさまざまな法律が制定された。日本興業銀行法の改正、鉄道国有法、担保附き社債信託法、財団抵当法（鉄道抵当法、工場抵当法、鉱業抵当法）などである。これらの法律は一九〇五（明治三八）年から翌年にかけて集中的に成立した。渋沢栄一はこれらすべての問題に深く関わり、新聞、雑誌などにも積極的な発言を残している。それは渋沢が、経済問題に占める政策の比重が高まっていることを認識し、個別企業の設立、運営のみならず経済全体の進むべき方向に意見を表明すべき立場にあることを強く意識するようになったからと思われる。

軍拡とインフラ整備

そこで日清戦後期を中心に、清国賠償金、金本位制、外資導入、鉄道国有化、三抵当法といった個々の経済政策に対するこれまでの研究史と渋沢栄一の発言を再検討し、その関連性をさぐりながら根底に流れる渋沢の経済観を明らかにしていきたい。

まずはじめに、日清戦後とはいかなる時代であったのかをごく簡単に概観しておこう。歴史用語として「日清戦後経営」という言葉が使われるが、これは一言でいえば対露戦に備えての膨大な軍備拡張とインフラ（経済基盤）整備を実行するための一連の経済政策であった（神山恒雄『明治経済政策史の研究』）。

財源は、清国からの賠償金に加えて増税と内外債の発行などによって賄われた。増税は一八九六年、一八九九年、一九〇一年と三回にわたり、登録税や営業税の新設、酒造税や地租の増徴、煙草専売制の開始などが実施された。それでも足りない分は公債発行をするしかなかったが、戦費を調達するためにすでに巨額の公債を国内で発行しており、これ以上の国内発行は難しかった。国外で公債を発行するためにはその前提として、欧米にならって金本位制を採用することが不可欠であった。そこで松方正義や阪谷芳郎といった一部の大蔵省首脳は、一八九七（明治三〇）年に激しい反対論を押し切って金本位制を導入した。このように日清戦後経営期の経済政策とは、軍拡という政治問題に対処するためにおこなわれた大がかりな一連の経済政策の変更を意味した。

長期的な不況

ここでこの時期の経済変動と景気対策の推移を見ておこう。日清戦後期の経済変動は、賠償金を元手とした財政支出の増大、すなわち日本銀行の積極的貸出し方針、金利引下げに誘導された戦後好況と第二次企業勃興によって幕を開ける（中村隆英

『明治大正期の経済』、高村直助『日本資本主義史論』など）。しかしながら、無理な経済政策のひずみを反映して一八九八（明治三一）年には恐慌が起こり、政策も「緊縮財政」に方向転換する。すなわち貿易の入超が金融逼迫・金利上昇を引き起こし、国内債券価格の下落から財政上絶対に必要な公債発行が不可能になるという緊急事態を迎えたのであった。短期的に景気は回復するものの、すぐさま一九〇〇（明治三三）年には再度、恐慌となる。政府・日銀は正貨準備の維持を優先し、民間貸出しの制限強化などの消極的な基調を継続したため、日露戦争期まで基本的に景気は回復せず、長期的な不況状態が続いたのであった。

それでは個別の経済問題を順番に取り上げながら、経済施策に対する渋沢の意見を紹介していこう。

2　清国賠償金問題

無謀な予算編成

一八九五（明治二八）年に日清戦争は終結し、四月に下関で講和条約が調印された。すぐさま、総額三億六〇〇〇万円の償金の受取り方法や使途に関する検討が始まった。日清戦後の経済政策の基本方針と絡む重要問題であった。その任を任されたのが松方正義で、彼は一八九五年三月に大蔵大臣に就任した(室山義正『近代日本の軍事と財政』)。

松方はすぐさま財政整理、外債非募集を前提とした軍備拡張、産業育成、財政基盤確立(財政整理)の三本柱から成る「健全財政積極主義」に基づく案を提出する。これは軍事費不足分を全額賠償金で補塡し、軍事公債一億円を早急に償還することを盛り込んだ案であった。軍事公債を早期に償却することで財政負担を暫時軽減し、産業育成策として運輸通信事業のための事業公債の発行環境を整えることを同時に追求する考えに基づくものであった。

しかしながら、松方の健全財政積極主義は軍備拡張問題や議会対策などの当時の政治状況から伊藤内閣の入れるところとならず、松方は蔵相を辞任し、渡辺国武が後任となった。渡辺は膨大な軍備拡張と積極的産業育成の方向を前面に打ち出し、財政基盤の整備確立という課題を犠牲にしていった。渡辺蔵相による軍拡予算は計画実行段階では三億一三二四万円に膨らんだ。そのため軍事公債の償却をおこなわずに軍事公債一億円を追加発行した。同時に鉄道、事業公債も一億円発行し、合計二億円の財政負担増となった。渡辺の「積極財政路線」は軍備拡張に偏重し過ぎたため、軍事及び軍事公債の一方的な累積をもたらし、財政基盤の整備確立は不可能となる無謀とも言うべき計画案であった。

このような経緯を経て、賠償金使途を含んだ日清戦後経済政策案が実行に移されていった。

政府部内の議論と並行して、新聞、雑誌等でさまざまな論者によって償金使途が論じられた。全般的な論調としては軍備拡張は償金の使途には入っておらず、産業振興のために償金によってそれまでの軍事公債を償還すべきかどうかが一つの議論の分かれ日となっていた。

償金を経済振興に

この問題に関して渋沢は講和条約締結後の八月に「戦後経済談」として新聞に談話を発表している。渋沢はまず、清国からの賠償金を過度の軍備増強に費やすことに反対している。その理由として一時的な軍事費拡大が長期的な財政負担につながる点をあげている。償金の使途を過大な軍事費に振り向けることを警戒する論調は当時比較的一般的なものであった(『読売新聞』一八九五年八月二七日~九月一日、『伝記資料』別巻第八、長岡新吉「日清戦後の財政政策と賠償金」)。

渋沢は続けて償金を経済振興に振り向けるべきことを主張するのだが、特に賠償金を整理公債や軍事公債の償還に当てるべきではないことを強く主張した。物価騰貴、投機熱、ひいては恐慌の引き金になるとして一時的な過度の貨幣流入を警戒し、それを防ぐためにロンドンで確実な公債を買って保管することを主張している。実際には政府も巨額の軍艦建造費支払いのためロンドンで英貨(金貨)で受領し、プールすることを決めていた。軍艦、兵器輸入のため正貨流出が生じ、それが国内金融の逼迫を引き起こすことがないよう配慮されたためであり、渋沢とは反対の理由で賠償金は英国に留め置かれたのであった(『近代日本の軍事と財政』)。

自由競争の観点から

渋沢は、一八九五年一二月にも反対意見を繰り返し表明している。ここで興味深いのは、渋沢が政府保護の必要性をあわせて論じていることである。輸入品に対する関税保護や紡績などの輸出品の原材料への輸入課税の免除といった、国内産業が対外競争力をつけるための法的な保護が必要なことを認めている。その一方で一時的な大量の資金の流入は国内経済への金融上の悪影響を生む可能性があり、償金による内国債償還に反対するものであった。

財界全般は賠償金による軍事公債償還を願っていた。市場に資金が流入し景気浮揚、事業振興につながると考えたからである。しかしながら渋沢は、経済動向を自由放任に任せる自由競争、自由主義経済の観点から反対を唱えた。渋沢は賠償金を産業奨励金などに使ったり、賠償金によって軍事公債を償還することは政府を頼った安易な景気浮揚策であり、保護主義的政策になるとして反対したのであった。

同時に、それは財政の膨張を容認した政府の実行策とも同一歩調をとるものではなかった。渋沢の考えは、政府の中ではある程度の軍備拡張を容認しながらも、同時に財政基盤を強化し、民間産業の振興をはかろうという基本スタンスにおいて松方の経済政策観と比較的近かった。

3 金本位制問題をめぐって

賠償金使途問題と相前後して生じた大きな経済問題が、金本位制採用問題であった。金本位制の採用は松方正義の指示によって、一八九三(明治二六)年一〇月に貨幣制度調査会が設置され、そこでの議論の中から生み出されていった(『明治大正期の経済』、山本有造『両から円へ』)。二〇名の委員の中には渋沢も名を連ねている。委員会は反対派が主流を占める中、推進派の阪谷芳郎や添田寿一ら大蔵省担当官の巧みな会議運営によって、からくも改正必要論に導かれる(『明治大正期の経済』)。金本位制の導入は、当時の国際情勢からすると必ずしも経済的には有利とはいえなかったが、強固な通貨制度の確立が不可欠という松方の「信念」と「脱亜入欧」の発想によって短期的利害を無視して導入されたものであった。

導入に一貫して反対

この間渋沢は一貫して金本位制導入に反対した。一八九五(明治二八)年三月頃、貨幣制度調査会で銀本位維持を主張している。渋沢はこの問題に関してはあくまでも現実主義的な観点に立って反対を表明した。現行の銀本位は金本位国への輸出に有利に働き、同時に輸入防壁の役割をも果たしており、これをあえて放棄する理由のないことを強く主張した(『伝記資料』第二三巻)。この意見はまさに貨幣制度調査会の多数意見であり、同時に経済界の意見を代表するものであった。短期的に見れば金本位採用は必ずしも有利な経済施策ではなかったのであり、渋沢をはじめとする大方が当面の利益を求めたのは当然のことであった。

渋沢は引き続き一八九七(明治三〇)年の金本位実施準備段階に至っても再び反対を表明し、運動をおこしている。渋沢は同年二月一八日の『中外商業新報』で記者の質問に答えて、金本位採用反対理由として清国賠償金はもはや正貨準備として期待できないと、一八九五年時点とは異なった理由で反対を唱えている。さらに大幅な軍備拡張によって貿易入超状態が続き、今後の正貨準備に対して大いなる懸念を表明している(同前)。

渋沢は続けて一八九七年時点ではその導入の目的が確固たる通貨制度の確立から財政赤字補塡のための外資導入の条件整備に変質しつつあることを指摘し、改めて反対を表明している。渋沢は一八九五年時点では早計に金本位の採用をするよりも現実的利益を踏まえた主張をおこない、さらに一八九七年時点では金本位採用の目的が変質しつつあることを指摘し、金本位を土台とした外債募集によってさらに財政が放漫となり、景気動向を悪化させることをもっとも恐れたのであった。

結果として金本位の採用そのものは、渋沢が懸念するほど日本経済に直接的な悪影響を及ぼすものではなかった。金本位の採用後、銀本位国である清国への紡績輸出は打撃を受けるものの、同時に原料輸入ではその恩恵をうけた（高橋誠『明治財政史研究』）。

懸念が現実に

しかしながら、一八九七年時点での渋沢の懸念はその後、現実の事としてはっきりとあらわれてくる。一八九八年には財政赤字と正貨準備不足が顕在化し、これがもとになって戦後恐慌となった。しかし、政府は基本的には軍拡路線を維持し財政赤字路線を改めなかった。さらに正貨準備維持を優先し、景気刺激のための有効な金融政策も採用しなかったため、不況は長期化したのであった。

償金問題と金本位制問題という二つの問題に対する政府の方針決定を軸として、日清戦後経営は松方による外債非募集・財政再建方針が否定され、軍拡容認の積極財政政策路線が採用された。同時に金本位採用の目的も、財政再建から積極財政を支える外債募集の条件整備へと変質していった。

民間からは金融緩和のための政府資金の民間供給案として、民間への外資導入問題と、鉄道国有化問題がそれぞれ浮上した。この問題は戦後恐慌以降、日露戦争をはさんでの長期的な不況対策として主張され続けた。これらの問題に対する渋沢の見解と行動を検討しながら、日清・日露戦争によって作り出された新たな国際競争の激化の中で、渋沢が日本の進路をどのように模索していったのかを分析していこう。

4　外資導入問題の是非

外債発行の歴史

まず外資導入問題であるが、日清戦後経営期の外債発行の概略を紹介しておこう。

既に記したように日清戦争後、軍拡路線にともなう貿易収支の大幅入超、正貨準備不足から資金調達の必要があったが、国内では既に大量の軍事公債を発行しており、これ以上の公債発行は事実上不可能であった。そこで外債発行による海外からの資金調達をしなければならなくなった。もともと日本は植民地化への恐れから外債を忌避してきたが、不平等条約の撤廃・金本位制の採用によってその心配は薄らぎ外債発行が可能となった（『明治財政史研究』、浅井良夫「成立期の日本興業銀行」、堀江保蔵『外資輸入の回顧と展望』）。

一八九七（明治三〇）年に政府が保有する四三〇〇万円の軍事公債をロンドンで売り出し、その売却に成功する。その後日本は本格的な外債発行に踏み出すが、大蔵省、日銀では、積極基調のもとで人為的外資輸入を最小限とする松方の方針が主流を占め、外債発行は必要最小限に留められた(『明治経済政策史の研究』)。

政府は日清戦後の積極財政を、賠償金に加え増税や内債発行で賄っていたが、一八九八年に第一次恐慌が発生すると、公債をめぐる事態は悪化した。つまり、大幅な貿易入超などにより激しい金融逼迫が生じて、金利が上昇し内債価格が低下したため、内債の公募は不可能な状態になり、軍艦建造費などの決済資金、正貨準備不足の補塡のため、外債発行に踏み切った。それが一八九九(明治三二)年の四分利付き英貨公債一〇〇〇万ポンド(九七六三万円)の発行であったが、売出しは惨憺たる失敗に終わった(同前)。

にもかかわらず政府は財源確保のために再度の外債発行をせざるを得ず、一九〇二(明治三五)年に五〇〇〇万円の内国債のロンドンでの売出しをおこなった。この発行は同年の日英同盟の成立を受けて成功した(同前)。政府は関税収入による元利払いが可能な二億円を外債の上限と考えていたので、日露戦争前にはこれ以上の外債発行はおこなわれなかった。日露戦争前の外債発行は国内債の海外売出しを含め総額一億四〇〇〇万円程度であり、日露戦後に総額二〇億を越える「外資輸入時代」となることと比較するとその差は大きい。量的には限られるとはいえ、外債発行の道を付けたことで日清戦後経営期の外債発行は重要視されている(『明治財政史研究』)。

このころ民間では景気刺激策として外資を利用した金融逼迫回避、資金供給を期待されていた。商業会議所など民間経済界は、外債による内債償還、鉄道国有論が高揚していた。すなわち、戦中、戦後の財政規模の拡大が軍事公債公募、増税を通して民間経済を圧迫していると考え、経費節減、減税など緊縮財政に加え、外貨国債で調達した資金を利用して内債を償還するか、主要私鉄を買い上げることで、民間に資金を供給し金融逼迫を解消するように主張したのであった(『明治経済政策史の研究』)。

日本興業銀行の設立

このような民間の要求に対し政府は一九〇〇(明治三三)年三月二三日に「日本興業銀行法」を公布し、一九〇二(明治三五)年四月に日本興業銀行を設立して対応した。その目的は一括して外資を輸入し、それを政府の管理の下に生産的な民間事業に供給するためのものであった。日本の地方債や社債の外国での発行に興味を示す外国仲介業者もあったのだが、少額のものでごく一部が成立したにすぎなかった(「成立期の日本興業銀行」)。政府は外債価格への悪影響を懸念してこれを歓迎せず、あくまで日本興業銀行を通じて外債を公的に統制していく方向をとっていった。

民間への外資導入を主張

日清戦後の外資導入問題は、政府にとっては逼迫する財政事情から必要に迫られたものであり、民間にとっては不況対策としての内国債償還や鉄道国有化による資金供給を期待するものであった。実際に実現したのは、鉄道国有化と日本興業銀行によ る政府に統制された民間への資金供給だった。外資導入問題、日本興業銀行の設立、鉄道国有化問題などの問題はそれぞれが密接に関係しており、これらの問題に対する渋沢の発言や行動からその意味合いを考察していこう。

渋沢は民間の資金不足を解消する手段として、民間への外資導入を提案していた。政府は資金不足解消のために外債募集を考えており、その点では渋沢も政府と見解が同じであったが、その外債は政府の軍拡費、正金枯渇穴埋めのためではなく、あくまで民間に投入される事を主張した。外資を導入すると「営業上の権力も、外人に奪われ」たり、「他国の変事に依りて忽ちに我国内部の経済に影響」を受けたりするという反対論もあるが、渋沢は「我日本が既に世界的の舞台に出たる事を忘却せるにあらざるやを疑わしむるものなり」と述べ、民間の外資導入へのアレルギーの除去のための宣伝に努めている(一八九七年一一月「財政及経済に対する方今の急務」『銀行通信録』第一四四号)。同時に財界をとりまとめ、一八九七年一二月には東京商業会議所として軍事費削減、民間経済振興の必要を訴える「財政整理意見」を政府に提出している(『伝記資料』第二一巻)。

一八九八年に戦後恐慌が起こると渋沢の財政整理、民間への外資導入の主張はいっそう強まった（「経済時事談」『東京日日新聞』一八九八年一月一日）。さらに八月には適正規模の外資導入によって景気対策としての民間への資金供給が必要なことを訴えている（「経済社会救済談」『伝記資料』別巻第六）。

以前から渋沢は、政府の外債募集によって内国債を償還し民間へ資金を供給する考えに反対を唱えていた。安易な公的資金導入は長期的に日本企業の国際競争力を弱めるという認識を強く持っていた渋沢は、外債資金を民間に環流する仕組みづくりを模索する。それは不況対策として民間からさかんに主張されるようになり始めた鉄道国有化問題に対しても同じスタンスであり、渋沢は外資導入問題と鉄道国有化問題をあわせて、独自の民間への新たな資金供給案を構想していく。

5　鉄道国有化問題での葛藤

国有化運動の展開

鉄道国有化運動は大きく三期に分けて展開された。一八九〇（明治二三）年恐慌後、一八九八（明治三一）年恐慌と一九〇〇（明治三三）年恐慌時、そして日露戦争中である。最初のものは、「株屋の国有論」と呼ばれた、一部の鉄道事業家が低迷する鉄道株の投機をねらって起こした運動であった（中西健一『日本私有鉄道史研究』）。これに対し、一八九四（明治二七）年頃には渋沢や中上川ら主要な財界人によって逆に官設鉄道払い下げ計画がねられ、鉄道民営化が主張されている。

一八九八年恐慌時には雨宮敬次郎や井上角五郎といった投機的性格の強い鉄道資本家らによって再び鉄道国有論が展開された。景気対策としての民間への資金供給案は別に内国債償還案があり、鉄道国有論は必ずしも主流の案ではなかった。しかし、一九〇一年に恐慌が再来すると、反対論といえども財界救済策の一環として私鉄買収を認めざるを得なくなり、渋沢をはじめとして東京商業会議所は政府、議会への請願運動を起こした。そして日露戦争が近づくにつれ、山県有朋を頂点とする軍部によって軍事的観点から強く鉄道国有化が推進され、日露戦後にいたっては朝鮮から満州にかけての権益確保の観点が加わり、渋沢をはじめとして財界も国有化賛成に回ったとされている（同前）。

鉄道国有法は一九〇六（明治三九）年に公布され、すぐさま買収に着手された。鉄道買収額は株主にきわめて有利な条件で決定し、額面価格の二倍以上の公債にかかわった（桜井徹「鉄道の国有化」）。

このような鉄道国有化過程で、渋沢の発言はどのように位置づけられているのだろうか。鉄道国有化問題に対し渋沢は当初は絶対反対の立場であったものの、一九〇〇年代の不況の深刻化で一部鉄道関係者の国有化主張に耳を貸さざるを得なくなり、日露戦後に賛成承認へ転じたというのがこれまでの渋沢の鉄道国有化に対する評価である(老川慶喜『鉄道』)。賛成に転じた理由は、植民地経営のための鉄道統一の必要と朝鮮半島・満州、さらには中国への商品輸出の必要から要請される国内鉄道の統一の必要性に求めるのが通説である(『日本私有鉄道史研究』)。

渋沢の真意は?

渋沢は当初は鉄道国有化に反対していたが日露戦後期になって賛成に変化した人物として位置づけられている。しかしながら鉄道国有法交付直後に再びはっきりと反対の旨を表明しており、それ以降も鉄道国有化は誤りであったという発言を繰り返しており、渋沢の鉄道国有化に対する真意はどこにあったのか、再検討すべき意味が十分にある。時代を追って渋沢の鉄道国有化問題に関する発言と行動を跡づけていこう。

民営のままで外資導入を!

まず一八九八年八月三〇日の『時事新報』に、「渋沢栄一氏の非鉄道国有論」という記事が掲載されている。この記事で渋沢は軍部主導の鉄道国有論を批判し、「株屋連中」の株価つり上げをねらった国有論同調をあわせて強く批判している(「非鉄道官有談」『竜門雑誌』第一二三号)。

一九〇一(明治三四)年になると東京商業会議所、商業会議所連合会から景気対策として外資導入による内国債償還、鉄道国有化を求める政府への建議がおこなわれた。「内国公債を償還する事」と「私設鉄道を買収する事」の二策を政府に建議している。この建議は渋沢が欠席時の会合で決まっている。とはいえ、渋沢はこの建議の陳情や議員への働きかけを会頭としておこなっている。

しかしながら、鉄道国有化の建議は渋沢の考えとは必ずしも一致しなかったことが書簡から見て取れる。一九〇一年六月五日と思われる渋沢から東京商業会議所書記長の萩原源太郎にあてた書簡に「鉄道国有の建議は小生大いに異見有之《これあり》、不在中に右様の御取扱有之候は不満足千万に候」という不満と反対意見が残されている(『伝記資料』第九巻)。

渋沢の「大いに異見有之」とは何を指すのであろうか。鉄道国有化建議と同時期の一九〇一年九月九日に、渋沢は東京会議所臨時会議に渋沢自身が名を連ねて「外人に土地所有権及鉱業権を附与するの義に付、本会議所の議決を以て別紙の如く政府に建議あらんことを望む」という提案をしている。外資を導入するためには「土地所有権及び鉱業権に対する法律上の障壁あるが為め往々その実行を躊躇するの状あ」るので、「この障壁を撤去して資本共通の途を開くを以て目下の最急務」であるという提案である。九月一七日に渋沢はじめ代表三名が桂太郎総理に陳情している。ここには「外人に土地所有権及鉱業権を附与する」という表現が使われているが、同時期の渋沢の日記に「桂総理を訪へ、鉄道抵当に関する件及び外国人に土地所有を許可する事を談話す」とあり、渋沢が鉄道国有化ではない鉄道抵当という方法で民間への外資導入を模索していたことがうかがえる(『伝記資料』第二一巻)。

さらに不況が深刻化すると鉄道国有化による民間救済の声は高まり、一九〇一年一二月二五日に東京商業会議所はこれまで以上に明確な形で「鉄道国有実行の義に付き建議」をおこなった(同前、第九巻)。この建議に関し、一九〇一年一二月二八日の『東京経済雑誌』に渋沢の「鉄道国有問題と渋沢男」という談話が掲載されている。そこでは「今回委員等が案出したる実行方法については未だ輒《たやす》く同意を表する能わず」と慎重な姿勢を示している。不況の深刻化から雨宮等、鉄道資本家の主張が商業会議所内で主流となり、会頭としてそれを受けないわけにはいかないが、実際におこなえば莫大な財政負担となり、その実行可能性を危ぶんでいる(同前、第二一巻)。

一九〇二年一月一日の『東京日日新聞』にも「経済界の前途」と題し、「外国の資本の這入るは今の鉄道国有論者の公債で入れるよりは即ち鉄道を私用にして置いても外国の資本を入れる方便にはなりはせぬか、あるいは一箇の会社が社債を起こしても這入って来るであろう、故にむしろこれを国有にせぬでも相当に資本の入れ途は大いにありはせぬかと思う」と述べている(同前、第九巻)。渋沢は建議をした商業会議所会頭という立場上、表面的には反対を言わないが、個人としてはあくまで鉄道を私有のままにして、外資を導入することで民間の資金不足を解消する方向を志向していることがわかる。

渋沢は以前から民間の資本不足解消のため、民間企業への直接の外資導入を主張していた。高まる鉄道国有論に対し、あくまで鉄道民営化を継続するためには民間に外資を導入する具体的方策が急務となった。そこで渋沢は、民間への外資導入のための前提としての鉄道抵当法案実現に向け具体的な行動に移る。

6 鉄道抵当法問題への積極的な関わり

鉄道抵当法で果たした役割

これまで鉄道抵当法に関する研究はきわめて少ない。唯一と言ってもいい清水誠の研究によると、一九〇二(明治三五)年当初、ベアリング商会と九州鉄道・北越鉄道・阪鶴鉄道の三鉄道会社の間で投資の仮契約が結ばれた。同年二月末にイギリス前インド鉄道長官ビセットが投資環境の調査のため来日、「帰国に先立ち彼と九州、山陽、北越の各鉄道会社社長および渋沢栄一は相携えて桂首相に面会し、鉄道抵当法の必要を説き、桂もこれを認めて、その制定を約したといわれる」と記されている。さらに「桂首相は、同年五月渋沢が外遊の途にのぼるに際して鉄道抵当法案を渡し、これを次の議会で成立せしむべき旨をイギリス側に伝えるよう委嘱した」と述べ、渋沢が重要な役割を担っていたことがうかがえる（清水誠「財団抵当法」）。

この過程を裏付ける証拠は渋沢側の資料にも豊富に存在する。まず渋沢の談話に「元来鉄道の普及は地方産業の開発上もっとも必要なものであるから、一層進めたいと考え、それには資金が充分でないから外国から借り入れるようにしたい。ついては、私設鉄道の公債募集が出来るようにせねばならぬと考えた。恰度《ちょうど》明治三十五年欧米へ旅行することになり、一緒に行った市原盛宏君と、又倫敦で懇意になった植村俊平君と共に、ベヤリング、ブラザアスと云う金融会社を訪問した、会社の主脳者であるベヤリングは英蘭銀行重役の一人でもあり相当有力者であるらしかったから、鉄道担保公債の話をすると大いに賛成したので、鉄道担保公債に関する覚書まで取って帰国しました」という回顧談が残っている（「私の関係した鉄道に付て」『竜門雑誌』第四六四号）。

さらに渋沢の日記を見ると「鉄道抵当法案の事を談ずる為なり」として一九〇二年二月には桂首相と五回にわたって会談している。三月四日には「夕方常磐屋に抵り鉄道抵当法案に関する集会を開く、浅田徳則、奥田義人、寺尾亨、岡野敬次郎、犬塚勝太郎、菊池、岸両弁護士、南清、渡辺嘉一の諸氏来会す」とあり、組織的行動をはかっていたことがうかがえる。四月から五月にかけては来日したビセット氏と五回にわたって会談をもち、四月一三日には自邸にて桂首相をはじめとして主だった大臣、官僚など二三名の招待客と共に歓迎午餐会を催している。

ヨーロッパ滞在中の活動

渋沢はこの後、五月一五日から欧米歴訪の旅に出るが、七月から九月にかけてのヨーロッパ滞在中、ベアリング商会社長ブルストック氏と二回会談し、鉄道抵当法の法案条文の検討をおこない、ヨーロッパを離れる二日前にもベアリング商会で最後の会談をもっている(『伝記資料』別巻第二、小山騰「渋沢栄一の鉄道会社外資募集交渉」)。

清水によると日本側の鉄道抵当法案に対し「これを受け取ったベアリング商会は、これとは別個に自らの案を作成し、九月一八日これを渋沢および Kirby Birch Company 宛に送付した」とあり、「男爵(渋沢)から日本側の希望の説明を受けましたが、本案の各規定は、その希望に応ずるように、わが国の一般大衆が内外国に投資する場合の条件としては通常見られないほど

ロンドン訪問時の東京高等商業学校出身者主催歓迎会　左側最後列が栄一(1902年)

に手加減してあります。ここで強調したいのは、この譲歩は限界にきており、本案のような法律が実質的に成立した場合にはじめて日本の鉄道に対する借款業務の開始を考慮することができるということです」と返事した旨が記されている(「財団抵当法」)。

鉄道抵当法の公布

渋沢は一〇月末に帰国した後、すぐさま桂首相をはじめ、芳川顕正逓信相など関係者を頻繁に訪れ、鉄道抵当法案の一二月の議会提出に向けて精力的に行動していることがわかる(『伝記資料』別巻第一)。鉄道抵当法案は、ベアリング社側の主張を大幅に入れた形で修正され、一九〇二年一二月の議会に出される予定であったが、議会解散のためこの時には日の目を見なかった。

渋沢が個別の鉄道会社の外資導入を実現するため、政府に働きかけをし政府と綿密な連携を取りながら、外資導入に不可欠な鉄道抵当法の成立に向けて自ら行動していたことが、清水の記述と渋沢の行動の両面からよく読みとれる。

鉄道抵当法は、工場抵当法、鉱業抵当法とともに一九〇五年一月の議会にかけられ成立、同年三月に公布、七月に施行された。同時に日本興業銀行法中改正法律案、担保附社債信託法が並行して成立した。渋沢はこの間にあっても「この鉄道担保公債に対し岩崎弥之助氏、松方正義などが非常に反対したが、私はぜひ実現したいと思い、井上さんに相談し、結局その法案が議会を通過しました。それは三十七年のことであります」(「私の関係した鉄道について」『竜門雑誌』第四六四号)と自ら述べており、法律の成立に向けて具体的に行動したことがわかる。

大きな意味をもった制度

この鉄道抵当法を含む財団抵当制度は経済面での法整備として大きな意味をもった。清水によると「財団抵当制度は、製造工業、鉄道業、鉱山業等に属する各個の企業について、土地・建物・機械器具・地上権賃借権・無体財産権等の生産手段を一括してこれを一個の財団としてとらえ、その財団について特別の登記登録制度を設けることによってこれを抵当権の目的物とすることを認めるもの」であった(「財団抵当法」)。日本はそれまでの「民法の定める抵当権は生産手段の担保化に全く役に立たぬもの」であり、ここで初めて成立した財団抵当制度は「産業資本の成長にとって不可欠な生産資金の調達のために法的側面から支柱を与える役割をもつもの」と述べられている（『財団抵当法』）。

渋沢はこの重要性を十分認識していた。渋沢自身の言葉ではないが「従来我が国においては、私設鉄道の物件は箇々別々には抵当権の目的物と為し得たが、これを一括して抵当となすことが出来ない為、当事者はすこぶる不便と不利益とを蒙っていた。元来鉄道は土地・線路・車輛その他附属物件を綜合して初めて鉄道の価値を定め効力を生ずるものであるから、当時の如き箇々の物件では、鉄道としての実価を定め難い。公はこの不便を除き、一つは外資輸入に抵当たらしめる便利を得るために該法の制定を望んだのである」と記され、渋沢が鉄道抵当法の意義をきちんと理解していたことがうかがえる（「私の関係した鉄道について」『伝記資料』第九巻）。

政府の意図　しかしながらこの鉄道抵当法の制定は政府にとっては渋沢とは異なる意図のもとで取り組まれたようである。一つは鉄道抵当法が興銀法改正と一体でなされ、清水が「政府が外資輸入の必要に答えるために一体として立案、成立せしめたもの」と述べられているように、民間への外資導入を興銀を通すことであくまで政府の統制下に置く強い意図をもっていたことがあげられる（『財団抵当法』）。

もう一点は渋沢が「しかるに翌々三十九年に至って鉄道国有法が発布せられたから、民間における鉄道公債のことは自然消滅になりました。しかし私は今でも鉄道は私設会社で経営すべきである。この制度の下に進んだ方が、国有よりも発達するだろうと考えております」と述べているように、現実にはすぐさま鉄道国有法が成立し、渋沢の意図する方向へは向かわなかったことである（「私の関係した鉄道について」『伝記資料』第九巻）。この点は、鉄道国有化の推進者の一人であったこの時期の逓信次官、田健次郎の伝記に「閣議においては差向き鉄道抵当法案を今議会に提出し鉄道国有法案の提出はこれを次回に延ばすことに決し」と記されており、政府は当初から鉄道抵当法と鉄道国有法を一体として考えていたことがうかがわれる（田健治郎「鉄道国有法案と鉄道抵当法案」『伝記資料』第九巻）。

渋沢はこのような政府、軍部、財界こぞっての鉄道国有化の流れに抗しきれず、一九〇六（明治三九）年二月には「自分等も最初は反対した政策であるけれども今日の場合あるいは同意せざるを得ぬかと思う」と述べ、不承不承、政府の既定路線に賛意を表している（『時事新報』「渋沢談話」一九〇六年二月一〇日）。鉄道国有法は一九〇六年三月二七日の議会最終日に可決され、同年三月三一日に公布された。すぐさま私鉄の買収が始まり、一九〇七（明治四〇）年三月には私鉄一七社の買収が完了した（『鉄道』）。

一度は賛成に回った渋沢であったが、この直後から再度、さまざまな場面で鉄道国有化政策の批判を展開する。一例をあげれば一九〇八(明治四一)年六月には、渋沢自身は鉄道抵当法により外資導入を主張したが「忽《たちま》ち鉄道の国有となり、ついにこれに因る外資の吸収を見ること能わざりしは甚だ遺憾とす」と発言している(渋沢栄一「経済談」『竜門雑誌』第二四一号、『伝記資料』第九巻)。また、新聞でも「鉄道を国有にしたのが間違った政策である」旨をはっきりと述べている(「渋沢男談話」『東京日日新聞』一九〇八年一一月二七日)。

国有化批判を展開

鉄道国有化後、経営効率は国有化前より悪化して鉄道での収益はのびず、買収公債の償還は大幅に遅れた(『鉄道』)。渋沢はすぐさま露呈した官営ゆえの非効率、経費増による国鉄の財政赤字構造を痛烈に批判している。

以上、時期を追っての渋沢の発言の整理からわかるように、渋沢は基本的には一貫して鉄道国有化には反対していた。渋沢が追い求めたのは鉄道を民営化したまま自立性を保持し、成立させた鉄道抵当法を用いて個別企業に外資を導入し、民間の競争力をつけながら景気回復をはかることであった。

渋沢は外資導入による金融緩和策の実施という大枠においては、政府や他の財界人と同意見であった。しかしその実施方法ではまったく考えを異にしていた。政府は日本興業銀行によって民間の外資導入を管理統制しようと考えており、軍部は軍事優先、鉄道事業関係者は安易な民間救済策としての鉄道国有法を選択した。その結果、渋沢の構想とはまったく相容れない、似て非なるものが実現していったのである（『成立期の日本興業銀行』）。

このように渋沢が自身の構想とは似て非なる鉄道国有化を許してしまったことには、もう一つの原因が存在する。渋沢自身の経済観の変化、すなわち保護主義是認の姿勢である。

7　保護主義の是認へ

長期的な悲観論

長引く日清戦後恐慌の中で、渋沢は基本的な経済観に微妙な変化を見せている。それは経済における政府の役割の大きさを目の当たりにし、同時に国際競争の激化を強く意識させられたことによる。それまで堅持してきた自由競争主義だけではもはや対処しきれないという認識を強くもち始めた。これまで検討してきた渋沢の個別経済政策に対する認識の検討にあわせて、その根底に流れる経済観の変化をここで改めて論じておこう。

日清戦後は一八九八（明治三一）年に恐慌となり、不況は長期化し、渋沢の経済観に変化が生じた（『近代日本の軍事と財政』）。景気の悪化に対し、渋沢は繰り返し、軍事費削減、財政整理を訴えていたが、それが実現しない状況に対してこれまでの渋沢からは考えられぬほど日本経済の行く末を悲観視した発言が目につくようになる。

それは一九〇三(明治三六)年頃から始まり、例えば一月二一～三日の『読売新聞』の「今年の経済界」という記事中で、戦後恐慌以降の長引く不況に軍拡路線の政府を批判し、経済政策の無策と国際競争の激化などで日本経済を取り巻く状況がきわめて厳しく「我が国経済界の振わざる、その病源の深く」「一朝一夕においてこの不振の状態を回復し得べくもあらず」と述べている。どちらかというとそれまで経済界を鼓舞する発言が多かった渋沢からは考えられないほどの長期的な悲観論を述べている。そして「その他の救済策に至っては已むことを得ずんば保護政策を採るに在る」と保護政策の必要性を口にするようになっている(『伝記資料』別巻第六)。

さらに同時期、他の雑誌には「近時における欧米諸国の発達はその根源保護主義に出で、しかも盛んにこの主義によって世界の経済戦争に勝利を占めつつあることに思い及べば、自由主義なるもののみにて今日に処するは、果たして時世に適する方法であるかどうかは疑問である。まして我国の如き未だ単独に自由競争をなし得られぬ事情がある」と述べ、発達途中の商工業は保護育成しなければならないと保護主義の是認をはっきりと口にしている(「対外商策と自由保

護主義」『東洋経済新聞』一九〇三年二月号)。

渋沢は日露戦後も引き続き経済の先行きを悲観視する。一九〇五年のポーツマス講和会議の直後に戦後の経済界の先行きを論じている。輸入増加、兌換券増発による景気悪化を心配し、日清戦後のような戦後恐慌の到来を大いに懸念している(「戦後の経済界」『時事新報』一九〇五年九月)。軍備偏重、民間軽視の経済政策が続くと予想し、日清戦争以上の軍事費の償還が重くのしかかると日本経済の破綻を心配する。同時に「朝鮮経営」に言及し、鉄道、銀行、海運に加え農事改良、鉱山も日本が担うべきと述べている。

朝鮮で発行された渋沢肖像入りの紙幣
(株式会社第一銀行券)

朝鮮侵出への意欲

そもそも渋沢は一八七六年の日朝修好条規の締結前後という早い段階から第一国立銀行の朝鮮侵出に強い意欲をもっていた。一八七八年に釜山支店が開設され、元山、仁川と次々に出張所が

渋沢が関与した韓国忠清道・稷山金鉱(1907 年)

設けられていった。業務としても砂金の買い上げ、海関税の取扱契約、そしてついには無記名式一覧払い手形の名のもとでの事実上の銀行券発券まで手がけた。その行動は日本の朝鮮半島への経済侵出の大きな足がかりとなり、植民地化を導くものであった。

その動機は第一国立銀行の請け負った政府系預金の減少、東北方面支店の不振・整理、三井の資金引き上げなどから来る業績の低迷を補う経営的な目的と、渋沢自身がもともと強く持っていた「三韓征伐神話」や「日鮮同祖論」といった対朝鮮意識に由来するものであった。渋沢は朝鮮に対して、一歩先んじて近代化した隣人としての道徳的な教導を強調しているが、独立した国家としての主権を無視した主張は大いに批判されるべきものである。

国家によるインフラ整備へ

渋沢は明治二〇年代において民間活力・民間資本によって鉄道、港湾、陸運などのインフラ整備を先導していた。しかしながら日露戦争後の時期になると必要とされるインフラ規模が大きくなり、民間ではまかなえる規模でなくなったことを認識して国家による大規模整備に転じていった。

渋沢はこれまでとってきた民間主導の手法ではもはや対処できないほど国家の政治、経済両面での拡大を認識していた。国家間の軋轢が強まって、政治、軍事が前面に出てくる世界の状況変化に発言を大きく変化させていった。すなわち、小さな政府、自由競争原理の貫徹といった古典的な自由主義経済から輸入防圧、国内産業育成といった国家による産業保護政策を認める立場に変化した。同時に競争重視よりも国際競争に備えるため企業の規模拡大を唱え始めた。さらに、経済規模が拡大し、経済発展のために必要とされるインフラ規模も飛躍的に拡大したことから、民間から国家へのインフラ整備の移管の必要性を感じ始めていた。また、朝鮮を日本の経済圏と考える近代日本の共通認識をこれまで以上に強くもつようになっていった。

このような渋沢の経済観の変化が鉄道国有化問題にあたっても意識され、国内鉄道網の統一と「朝鮮経営」のための鉄道整備の必要という理由を重視し、鉄道国有化反対を貫き通せなかったと思われる。

8 強い「民」への期待と挫折

本章の最後に日本の行く末の大きな転換点となった日清・日露戦争の時期に渋沢が何を考え、何を残したのかをまとめておこう。

有名無実化された構想

日清戦後経営期には、軍事優先の赤字財政政策による恐慌の発生と正貨準備維持を優先した金融引き締め政策によって不況が長期化した。このような軍拡基調の積極財政政策によって民間経済には逆境が続く中、渋沢の日本経済の行く末に対する危機感は強まった。渋沢は日本経済を取り巻く環境の変化をはっきりと意識し、日本経済の体質改善の必要性を強く認識し、日本の民間資本が真の国際競争力を備えなければならないことを強く感じ始めた。したがって安易な民間救済策はかえって体質を悪化させることを強く主張した。

しかしながら有効な金融政策が期待できない中、長引く不況の長期化に何らかの景気浮揚策が必要なことは政府、財界とも共通の認識であった。民間からの景気対策への要求は、政府によって調達された外債資金の民間への供与、それを具体化する施策として鉄道国有化による政府資金の民間供与に絞られていった。しかしながら、鉄道に対する外資の投入方法に関してはその思惑はそれぞれ異なっていた。政府は政府外債に支障を来さないよう興銀による民間外債の統制を志向し、渋沢以外の財界人は大方、鉄道国有化による直接救済を望んだ。それに対し、渋沢は法制度を整備し抵当制度を日本に導入し、鉄道資本への外資導入によって金融緩和と日本企業の体質強化をはかることを構想していた。

渋沢自身が直接に行動し、まとめた鉄道抵当法は実現するが、同時に興銀による民間外資の統制と鉄道国有化もおこなわれ、渋沢の構想は有名無実化され、実現しなかった。

民間から国家への転換

この時期、渋沢は日本を取り巻く国際競争の激化に対処し日本企業の対外的な国際競争力を強化するために、包括的なある程度の国内産業保護育成政策の必要性を感じ始めていた。それは従来の自由競争路線から保護主義を是認する路線への転換であった。すなわち、渋沢は自身の自由競争重視のスタンスを修正し、対外的な国内産業保護育成策をとりながらも、国内での競争強化によって個別企業の国際競争力の育成をはかる経済観に転換していった。もともと渋沢は、一八八〇年代から政府による国内資本育成のための各種の保護政策を利用しつつ民間資本の育成をはかってきており、経済観の転換と言うよりも自身の経済観の顕在化と言ったほうが的確かもしれない。

同時に渋沢がこれまでとってきた民間主導の手法では成しえないほどの世界経済において政治、経済両面での国家の役割の拡大を認識することになった。経済規模が拡大し、経済発展のために必要とされるインフラの規模が飛躍的に拡大したことから、民間から国家へインフラ整備を移管すべきと感じ始めたのでもあった。

悪しき前例

以上のように、渋沢は日露戦後の日本経済の行く末に対する危機感と日本企業の体質転換の必要性を強く主張していた。しかしながらそれとは裏腹に、日露戦後は大幅な外資導入と鉄道国有化による余剰資金供給によって勃興し始めた新産業へ積極的な投資がおこなわれ、第三次企業勃興から長期的な好況局面が続く。

その姿は一面では、渋沢の予想を上回った新産業の勃興という新たな日本経済の力強さを示すものであったが、同時に莫大な外債依存という将来への負荷と、鉄道国有化という、苦境時に政府の救済が実現する悪しき前例を残したものでもあった。渋沢が求めた国際競争に打ち勝てる体質転換という重要な問題を隠してしまう政策の実行と好況の到来であった。

第五章　社会・公共事業を通じた国づくり

蓮沼門三（左）と渋沢栄一
（1926 年 1 月）

渋沢が関わった社会・公共事業の数はおおよそ六〇〇団体と言われるが、社会事業や教育、芸術・学術等の支援に関してそれぞれの分野で取り上げられているにすぎず、その全容を詳細に解明した研究は実は存在しない。

早い時期から長期にわたって運営面を含めて支援した団体が数多く存在し、また寄付金等による一時的な資金援助のみの支援も存在する。一つの関係から派生して何らかの関係性をもって支援をした団体もあれば、単発のものもある。それらを網羅的、分析的に紹介することは紙幅の面からも難しく、ここでは運営面も含め比較的長期にわたって物心両面で全般的に支援した社会・公共事業の代表的な事例を紹介していく。渋沢がビジネスに携わりながら、社会の構成要素としてぜひとも必要と考えて積極的に関与した社会活動にスポットをあてたい。

次頁の表2は、『伝記資料』全五八巻の総目次から社会・公共事業において関係した団体をまとめたものである。国際親善や来賓接待、顕彰記念事業や編纂事業は除いて数えると四〇〇団体弱になる。本章ではこれらの主要な団体への関わりについてその概要と手法を紹介しよう。

表2　渋沢栄一の関与した社会・公共事業

事業内容	～1909.5	1909.6～1931.11	全期間の合計
社会事業(労使関係・融和事業を含む)	25	68	93
道徳・宗教団体	16	64	80
実業教育	20	23	43
女子教育	5	22	27
その他教育	33	56	89
学術文化	25	30	55
合　計	124	263	387

出典：渋沢青淵記念財団竜門社編『伝記資料』第58巻(索引), 1965年.
注：上記には国際親善・記念事業・編纂事業を含まない．また，実業界引退前・引退後の両期間にまたがるものは引退後の数から除いた．

1　実業教育への強い関心

まず教育機関への支援を概観しよう。ここではごく簡単にしか紹介しないが、女子教育では成瀬仁蔵によって一九〇一(明治三四)年に開設された日本女子大学に対する支援がよく知られている。直接の寄付や寄舎寄贈、募金のための地方講演旅行、組織の財団法人化等により経営を支え続けた。一八八八年設立の東京女学館では、伊藤博文と共に女子教育奨励会を創立し、一九一四年に第五代館長にも就任している。

東京高等商業学校の設立支援

実業教育に関しては日本全国の商業学校を支援したが、最終的には「官立」となっていく現・一橋大学の原型を整えたのも渋沢であった(島田昌和「経済立国日本の経済学」)。

東京高等商業学校校長,
矢野二郎

東京高等商業学校の発足は、一八七五年にホイットニー（W. C. Whitney）を教師とする私塾形式の「商法講習所」としてスタートした。一八七六年に東京市の所轄、一八八四年に農商務省の直轄となり、「東京商業学校」と改称された。さらに一八八五年に文部省の所管となり、一八八七年に「高等商業学校」（一九〇二年からさらに東京高等商業学校と改称）と改称され、一八八九年に第一回卒業式がおこなわれた（三好信浩『渋沢栄一と日本商業教育発達史』）。

当初、渋沢は商人が「自修自営」することの必要性を認めていたものの、特別の学校教育をおこなうことまでは考えていなかった、と言われている。たまたま、東京会議所会頭としてこの商業学校を援助することになったのがその発端であった（渋沢研究会編『公益の追求者・渋沢栄一』、三好信浩）。

とはいえ、いったん発足したこの学校を自ら行動し、財政面で支え続けたのは渋沢であった。一八七九年には東京府議会で予算が半分に削減され、一八八一年には経費の支出が否決された。

寄付を集め、政府と交渉し、農商務省の補助を取り付けていった。この時期、三菱商業学校との合体案が提案されたり、東京大学学生が民間会社では名誉にならないと言って就職を拒否したことなどがあり、渋沢は独立した商業教育確立の必要性を強めていったようである（同前、『一橋大学百年史』）。

実践重視の教育

このような動機とあわせて渋沢が東京商業学校を支援し続けたのは、矢野二郎校長の実業教育への理念に共鳴したところが少なくなかった。矢野校長は、旧幕臣で渡欧経験があって英語に長じており、一八七六年に前身の商法講習所の所長に就任し、一時的に学校を離れざるを得ない時機もあったが、一八九三年まで一六年余り校長職に在職した（三好信浩）。

その教育方針であるが、一八七六年の教授科目として、英語、英文法、発音、商業算術、簿記、その他商取引、実際上の処分（商業実践）が並んでいる。これはアメリカの連鎖組織商業学校（Chain of Commercial College）の商業教育を模範としたもので、学校内に銀行、郵便局、銀行仲買、物品仲買、保険、物品卸売店等を設けて実地教育をおこなうものであった。外国人教師による英語を正課とし、教科書は英米の書物が主に用いられ、商業に必要な書式の学習と商業の実習を内容としていた。学生には抽象的な議論よりも東京商法会議所や株式取引所などを実地見学する事が奨励されていた(同前、『一橋大学百年史』)。このような矢野による実践重視の教育方針を渋沢は高く評価していた(「矢野二郎氏慰労会渋沢演説」『伝記資料』第二六巻、三好信浩)。

しかし、学内での学問重視の「改革派」によって「英語、簿記、商用作文、商業実践重視」の漸進主義、前垂れ式商業教育に対する批判が強まり、排斥運動が起こって矢野は辞任した。背景としては高等商業学校が帝国大学に対して一段低く位置づけられている事に対する不満があった。一八九六年の学科課程の改正では民法や商法、財政学や商業学、機械工学などの科目が従来よりも細分化されて独立科目として論じられるように大幅に変更されている。同時に「商業道徳」を正規の科目として配するようにもなっている(三好信浩、『一橋大学百年史』)。

実業教育の頂点へ

渋沢は矢野校長の退陣後もさまざまな難局に関わり続けた。学内で東京帝国大学を強く意識して同等レベルの教育を求める意見に対して、渋沢は明治初期から一貫して商工業の地位向上を訴えており、その視点を何よりも優先させて引き続き支援し続けた。というよりも商科大学昇格運動の推進役を担い、粘り強くその実現をはかっていった。

商科大学昇格問題に対し、「当時渋沢男爵は一橋高商の商議員として最も熱心なる商科大学の主張者なりしも、他の商議員の意見は必ずしも渋沢男の意見と一致せるに非ず、即ち商議員中益田孝・近藤廉平諸氏の如きは、商科大学の必要を認めず、殊に益田氏の如きは、今日学校教育を受けて実業に従事せんとする者は、現在高等商業学校本科を卒業すればその素養においてあえて不足なし、成るべく年齢の長ぜざる内に実務に就かしむるを可とす」とあるように、商議員中でも反対が多い中、渋沢は昇格を強く訴え続けていた（「小松原英太郎君事略」『伝記資料』第二六巻）。

渋沢は商工業の発展のために旧来の経験よりも新しい学識こそが必要であり、それは同時に商工業者の地位の向上の証となって、商工業での成功が人としての社会的な名誉につながらなければ発展はないと考えていた。しかし同時に、学識だけを振りかざすことが商工業で成功することにはつながらない、学識を活かすべき人格や道理を身につけることの重要性を説いていた。

一九〇八〜〇九年にかけて「申酉事件」と呼ばれる大学昇格の挫折事件が起こった。東京高等商業学校側は独立の商科大学の設置を望んだが、文部省は東京帝国大学法科大学内に商業学科を増設する考えを推進し、東京高等商業学校専攻部の廃止を決めた。このためこれに反対する学生が総退学を表明するという事件であった（三好信浩）。

事件の収拾に動いたのはやはり渋沢であった。商業会議所と父兄保証人会とともに学生の復学説得に動き、直接学生を説得したのであった。また同窓会として渋沢に近い八十島親徳、堀越善重郎なども説得に当たった。その後も断続的に商科大学構想は東京帝大との合併を軸に提起され、文部省はあくまで帝大側に合併させる基本線を譲らず、膠着状態となった。このような苦難の末にようやく一九二〇年に単科大学の設置を認めた大学令の実施により、「東京商科大学」への昇格を果たしたのであった(『一橋大学百年史』)。

渋沢のイメージするビジネスエリート

渋沢は東京高等商業学校の学生に対し何を期待していたのだろうか。渋沢は「諸君はあくまでも研精励磨して、実際について学問の要用を示し、なるほど学んだ人でなければ利益がない、と云うことを知らしむるようにせねばならぬ」と述べ、先進の学問をビジネスの実際に応用してみせねばならないことを繰り返し語っていた(「東京高等商業学校仮卒業証書授与式ニ臨ミ演説ス」一八八五年七月、『伝記資料』第二六巻)。しかし、大正期になると「忠と孝と云うことは、どうしても大事なことと思うて、智を磨きながらも必ずこれを能く覚悟の底に納めぬと、ついには智恵の進むほど人間が浮薄になり、智恵の進む程人間が狡猾になる」とか、「智恵を進めるに急なる式の教育が、孝の字の光を余程薄らげたと云う嫌は私はあると思います」と、「浮薄」「狡猾」など厳しい言葉を用いて学生の知識偏重傾向を厳しく戒めるようになった(一九一七年一〇月、『伝記資料』第四四巻)。

東京高等商業学校の地位の向上にともない、学生の身につけた学問や知識が実際のビジネスに

「道理正しく」活用されない懸念を強く抱き始め、渋沢は社会全般への道徳心の欠如を是正しようという行動を起こすようになっていった。

2　私立商業学校の支援

商業教育の頂点とも言える東京高等商業学校以外にも、渋沢は商業補習学校から高等商業学校に至るまで、さまざまな商業学校の入学式・卒業式等で述べた祝辞が『渋沢栄一伝記資料』に多数収録されている（表3参照）。

京華中学校・商業学校の場合

一つの事例として京華中学校・京華商業学校を見てみよう。京華尋常中学校は一八九七（明治三〇）年に東京市本郷区龍岡町（現・文京区湯島四丁目）に創立者・礒江潤によって開設された。最初に創設された私立尋常中学校は一八八九年の正則中学校、中学郁文館であり、京華中学校の開校以前に既に一三校が開校されていた。

開校にあたっては、品川弥二郎や浅野長勲ら有力者の精神的な支援を受け、さらに本郷区会諸氏の経済的な支援を受けた。たとえば資生堂創始者の福原有信は、お茶の水の新校舎建設資金を融資するなど、資金面で多大の貢献をしている（以下は主に『京華学園百年史』による）。

表3　渋沢栄一の関与した商業学校一覧

年	関係のあった学校	内　容
1892	私立東京商業学校	第2回卒業式演説
1898	大倉商業学校	学校設立委員となる
1900	大倉商業学校	開校式出席演説
1900	全国地方商業学校長会議	演説
1901	大倉商業学校	生徒訓話
1901	浅草商業補習学校	開校式演説
1903	大倉商業学校	専修科第1回卒業式演説
1903	全国地方商業学校長会議	演説
1904	京華商業学校	生徒への演説(代読)
1906	全国実業学校長会議	講演
1906	大倉商業学校	英国下院議員来校
1906	大倉商業学校	専修科第8回卒業式演説
1907	大倉商業学校	第4回卒業式訓辞
1910	東京市教育会付属実用学校	名誉顧問就任
1910	横浜商業学校	演説
1910	慶応義塾商業学校	創立20周年祝辞
1910	高千穂商業学校	新校舎上棟式出席
1911	全国地方商業学校長会議	演説
1912	高千穂商業学校	高等商業学校開校
1912	東京市立商業学校	生徒向け訓話
1912	中央商業学校	創立10周年祝賀会講演
1913	京華商業学校	父兄懇話会演説
1913	大倉商業学校	大倉喜八郎喜寿祝賀会祝辞
1914	高千穂商業学校	講演会出席
1915	高千穂商業学校	卒業式訓話
1916	大倉商業学校	始業式生徒訓話，校友会雑誌講話

出典：竜門社編『渋沢栄一事業年譜』(1985年，国書刊行会)より作成
注：東京(高等)商業学校関連は除く．

初代の校長には明六社で知られた東京学士会院会員の津田真道が就任し、一九〇三年に没するまで六年間校長を務めた。礒江は主幹となり、津田の没後、第二代の校長となり、一九三八年まで三五年間その職にあった。校舎は商品陳列・販売所であった勧工場《かんこうば》の建物を借用してスタートした。たいへん粗末な施設であったようだが、多くの著名人が教壇に立った。たとえば、井上円了(東洋大学創立者)、本多光太郎(東北帝大総長)、岡本櫻(工学博士、東京瓦斯副社長)など後に帝大教授となるような多くの優秀な教授陣をそろえたのであった。

初年度の入学生は一九九名で、その数が半年後には五八七名に増大したと言われている。一八九九年の第一回卒業生の多くが第一高等学校や官立の専門学校、海軍兵学校、陸軍士官学校等に進学した。その後、入学希望者は安定的に増加して毎年一〇〇名前後がコンスタントに卒業するようになり、学校の発展は順調であった。半数から六〇%程度が上級学校に進学し、二〇名程度が第一高等学校をはじめとする官立高校に合格し、麻布・開成とならぶ進学校としての地位を築いた。

有数の商業学校に

教育内容としては実業道徳の修養を重視していた。もともと中学校は進学希望者が多かったが、実業をめざす生徒も少なくなかった。そこに一八九九年の実業学校令が発布されたので、一九〇一年に京華商業学校を開校した。初代校長には元農商務次官で地方改良運動に尽力したことで知られる前田正名（一八五〇～一九二一、亡くなるまで名誉校長）を招聘した。

商業科目の特徴として、たとえば「商業実践」という科目では取引商品相場を新聞等を使って調べ、架空の取引の記録を帳簿や書類に作成していくことをおこなっていた。また「商事要項」（後の商業経済）や「商業歴史」では、英国版『ビジネストレーニング』やピットマンの『コマーシャルヒストリー』といった英文原書によるテキストが使用された。「商品調査」という卒業論文とも言える科目では、夏休み中の作業として自分の選んだ商品の実地調査（工場労働、商品ポスター、産業視察、統計図表作成、商品鑑定等）をおこない論文としてまとめることを課していた。

初年度入学者の中には下町の市場や魚河岸の商家からの生徒がかなり含まれていた。一九一五年の卒業生の進路は卒業生数六二名中、自営業二四名、会社等への就職一五名、進学（高等商業学校等）九名（内訳は慶応義塾四名、早稲田二名、明治大学二名、小樽高商一名）などとなっていた。一九二〇年の生徒数が本科、予科合計七八二名となっており、「東京府内でも有数の商業学校に成長」したと自負しているが、その表現通りの実績と言って過言はないだろう。

渋沢は時々式典等に出席し演説をしていたようであり、早い時期のものとしては一九〇四年の卒業式での渋沢による演説代読原稿が残されている。商業学校の第一回卒業式は翌年にもかかわらず、「殊に私はこの京華商業学校の生徒諸君に多く望みを嘱しております」と日本における商業教育の必要性を説いている（『伝記資料』第二七巻）。「特に国家は政治・軍備・法律というものさえあれば、国を維持して行けるものと思うのが多数の考えであって、世間の頭脳ある人は皆其の方面に向かって力を傾けた」と述べ、日本の商工業軽視の風潮を指摘し、それに対して「就中《なかんずく》英吉利は第一の屈指の国であって、その主義とするところは独り兵備・法律・教育のみではいかぬ、国家全体の富が増さなければ国は進まぬ、それには商業が必要であると云うて漸く《ようや》商工業に多数の力を入るることになっており、「商工業に付いて我が国は最も力を尽くさねばなりませぬ」と欧米に見習って商工業重視の社会を作らねばいけないことを強く主張している（同前）。

商工業重視の社会を力説

さらに言い換えて「我々実業は主客いずれに在るかといえば、むしろ主に在ると思う、実業が主で、政治なり軍事がこれを援けてこの日本国家を盛んにしたいと思うのでございます」と民間主導の国家観を語り、それにふさわしい人材を以下のように説いている。すなわち、「日本の商人は世界的でなく、公衆的でなく、自分の商業にのみ満足して居るからだめである、亜米利加等に向かってもどんどんはじめねばならぬ」と国際感覚が必要なことを強調し、さらに「近頃でも甚だ嫌うべきことは、多数一致の心の欠けて居ることである、……日本人は一人では智恵があって、三人とか五人とか沢山で議論すると、もう纏まらない」「努めて共同の力を養って戴きたい」と協調精神を提唱した。最後に「今一つは志操を堅実にするという事であります」「強い考えを養わないと、社会に立つる後には堅実なる仕事を成し得られぬと私は思う」と、後に道徳心や倫理感を強調する萌芽が見て取れる(『伝記資料』第二七巻)。その後も卒業式や父兄懇話会での演説等を引き受けており、人格向上や実業重視、知恵を身につけるための勉強等を説き続けている。

大倉商業学校・大倉高等商業学校

京華中学校に少し遅れて開設された大倉商業学校についても見ておこう。同校は東京における文部省認可第一号の甲種商業学校として一九〇〇年に開校した(以下は主に『東京経済大学八十年史』による)。その当時に東京の中等程度の商業学校としては中央商業と東京商業(夜学)が二つあるのみであり、「東京における中等程度商業学校の嚆矢《こうし》」となった(『伝記資料』第二六巻)。

設立を主導した大倉喜八郎は、当初「貧民教育の学校」の設立案を温めていたが伊藤博文に維持困難と反対され商業学校案へ変更したと言われている。変更にあたって大倉は、条約改正により外国人の内地雑居となると、外国商人に商業知識・手腕によって席巻される可能性があることを恐れて、数少ない官立商業学校だけでは人材の育成がまかないきれないと考え商業学校の創設を企画したのであった(同前)。

「寄付行為証書及び学則案」の策定メンバーは石黒忠悳、渋沢栄一、渡辺洪基、大倉喜八郎、穂積陳重、小山健三らであった。渋沢の娘婿の穂積がその中心となって、民法が実施されて財団法人の概念が法制化されたが、法人による学校設立がまだなかったことから、この枠組みの利用が試みられた。結果として財団法人の代表としての理事に、陸軍軍医総監や枢密顧問官であった石黒忠悳が就任し、督長(校長)に東京帝国大学の初代総長を務めた渡辺洪基を招いた。学校の年間総支出が授業料収入を大幅に上回っており、授業料は他と比べてきわめて低廉であった。まさに大倉喜八郎の支援によって成り立つ学校であった。発足時の総定員が二〇〇名であり、開校翌年の一九〇一年から夜学専修科も授業を開始している。大正期に入ると総定員が一〇〇〇名を超えるほどに増大している。

教員は東京高等商業学校に委嘱し、商業専門分野の教員全員を同校の新卒から採用した。当然、英語重点主義などの「高等商業学校の教授方法や制度が移植され」ることとなった。また、一般的には三年制を採用する商業学校が多い中、本科四年制を採用した。教育内容は校則に

「本校は内外商業に従事せんとする者に主として実際的商業教育を施す所」とあるように、まさに国を富ませる産業のための教育機関としての教育がなされた。

商売には学問が必要

後援者の一人であった渋沢もたびたび式典で挨拶している。一九〇〇年の渋沢の開校式の挨拶では、「私は商売については学問が必要であると堅く信じて居る」「是非商業学校をして大学たらしめたいと、夙《つと》に切望して居る人間であります」と近代的で高度な商業教育の必要性を訴え、さらに「私は大倉君に聞きまた自らも判断して居るが、日本の商売人を作りたいと云う存念であって、大倉君のために商売人を作りたいと云う考えでない」や「商業家は何処までも世間から才子と言われる人でなしに、安心すべき人と世間から言われるようになりたい」と、この学校への期待の高さがよく見てとれる(『伝記資料』第二六巻)。

卒業後の進路としてはまず、一九一六年の同窓会名簿から官庁・銀行・保険・一般会社に本科卒業生二一七名中、その八割にあたる一七二名が就職しており、夜間部卒業生も六二〇名中七七%にあたる四八〇名が就職していた。その内容も本科卒業生には大倉組・三井物産・住友銀行・三菱合資・高島屋飯田などに勤めている者が目立つ。一例にすぎないが、当時の商業学校の企業等からの評価の高さがうかがえる。

この時期の渋沢の演説の中ではたとえば、「この大倉商業学校の学生が残らず豪《すご》い天才であることを望むのではない、しかし多数の人が完全なる人格を備え、精神と知識と兼備するので国家は初めて強いのである、（中略）真誠なる国家の健全は中等社会にある」と一九一六年の始業式で訓辞している（同前）。また、一九二〇年一一月の開校二〇周年の記念祝賀会では「この学校はその点においては恰好の都合を得て学理と実際を並行せしむるに適当なる仕組みであった」「二十年間に二千六百人の卒業生を出し、現在の学生も千六百人を計上するということは実に異数の発展である」と述べている（同前）。これらの発言から大倉商業学校出身者が必ずしも大会社等のトップマネジメントを期待されているわけではないが、多数を必要とする良質な中間管理職層の供給の役割を果たしていたことがうかがい知れる。

良質な中間管理職層の供給

大倉商業学校は一九一九年に新たに大倉高等商業学校を発足させている。また、一九二三年から高等小学校卒業を入学資格とする甲種商業学校程度の普通科（後に中等科）が設けられた。以上の整備によって、高等商業学校、甲種商業学校（高等小学校卒業以上）、乙種商業学校（尋常小学校卒業以上）を揃える商業教育体制が整ったとも言えるのだが、高等商業学校設置の理由は『東京経済大学八十年史』には一九二〇年の東京高商の商大への昇格であると記されている。

在校生で上級学校へ進学を志すものは何よりも東京高商をめざし、実際入学率も高く、高商の首席に大倉の出身者がなることが常だったと言う。そして、そこには「商業教育の分野における最高学府と目された東京高商と直接に接続する、事実上その姉妹校としての大倉商業学校の位置——おそらくそれが大倉商業の名門意識の重要なよりどころ」と記されている。

高千穂高等商業学校

高千穂高等商業学校は、一九一四年に私立学校として現在の東京都杉並区に全国に先駆けて開設された高等商業学校であった。そもそも高千穂学校とは、創立者の川田鉄弥によって、一九〇三年の小学校開設、一九〇九年の中学校開設と段階を追って積み上げてきた教育機関であった。川田は高知県出身で一八九九年に東京帝国大学を卒業し、文部省に入省、あわせて一九〇〇年に陸軍幼年学校教官に就任、さらに東京専門学校高等予科や専門部の非常勤講師を務めていた。東京帝国大学出身で初めて東京府小学校教員免許取得を取得したという、当時ではきわめてユニークな教育者であった。川田自身の教育理念は、出身地土佐の朱子学である南学思想を基礎として国家主義や家族主義的色彩をもち、あわせて国際感覚や官尊民卑の打破・士魂商才の考えに根ざしており、それ故に私学教育や女子教育、商業教育の重要性を認識して実践していった(以下は主に『高千穂学園八十年史』による)。

川田の第一の後援者は同郷の先輩であり、南学の思想的背景を同じくする谷干城であった。

谷は高千穂学校創設時の評議員を引き受けており、この谷の紹介で渋沢との知遇を得ている。川田は渋沢との関係について「私は、永い年月の間、竜門社の一人として、青淵先生の御教訓を辱うしいたしました関係上、先生の主義方針を継承し、論語に基き、君には忠義、親には孝行、兄弟仲よく、人には親切、自分には誠と云うことを、高千穂学校の標語といたし、造士育英の業に従事して居る次第であります」と述べている。

「士魂商才」を理念として

渋沢は学校開設時から一九〇九年まで「資金保管主任」を務め、一九〇七年から評議員にも就任している（『伝記資料』第二七巻）。そして学校の玄関には渋沢の揮毫した「士魂商才」の額が掲げられていた。そして「高千穂学校の卒業式三月二十日記念会五月二十七日にも必ず出席下され、その都度有益な御講演をしていただいています」と記され、渋沢も熱心に後援していたことが見て取れる。学校行事の式辞において「高千穂学校は、校長が熱心なので、職員一同も甚だ親切な態度を取り、方針においては、世界の進歩に後れぬようにと心掛け、師弟の関係においては、古に模せられるので、実に理想的の学校である」とその教育内容を高く評価していた（同前）。

渋沢の紹介により森村市左衛門や次男の森村開作も財政的な後援者となり、一九一二年の学校の財団法人化にあたっては森村開作が寄付をする形で、現在にまで引き継がれる大宮八幡神

高千穂高等商業学校校舎の上棟式記念　前列左から三番目が渋沢栄一

社所有の一万七〇〇〇坪あまりの校地に学校の基礎が整えられている。他にも学校の評議員として渋沢の娘婿・阪谷芳郎をはじめとして、早川千吉郎(三井同族会理事、満鉄社長)、村井吉兵衛(村井銀行頭取)、団琢磨(三井合名理事長)、大橋新太郎(博文館)、服部金太郎(服部時計店、精工舎)、郷誠之助、中島久万吉、朝吹英二といったそうそうたる財界人が名を連ねていた。

日本で最初の私立高等商業学校となった高千穂高等商業学校(予科一年、本科三年制)であるが、川田が欧米を視察し、短期間に発展したドイツの原動力が実業教育制度にあったと考えて選択したもので「戦前の高千穂学園の中心をなす学校」に成長していった。在籍生徒数一三人でスタートしたが一九二〇年頃には全体で二〇〇人を超えるようになり、戦前には三〇〇人近くまで増大した。第一回から第一〇回までの卒業生延べ四四〇名中、上級学校進学者三名、会社一三四名、銀行一四三名就職、自営業六六名などとなっており、十分目的にかなった進路を実現していたと言えよう。

3　社会事業への献身

実業界から引退

渋沢は、一九一六（大正五）年に七六歳を期に第一銀行頭取を退き、実業界の第一線から完全に引退した。引退後に自らが取り組む、残された三事業として「経済と道徳の一致」「資本と労働の調和」「細民救恤手段の統一」の三つを挙げている（「老後の三事業」『時事新報』一九一八年一月一日、『竜門雑誌』第三五七号に再録）。これらの三つの問題は、その後亡くなるまでの十数年間にわたって精力的に取り組まれた、まさに生涯をかけた渋沢のやり残した未完のテーマであり、日本そのものが抱えた大テーマでもあった。

ここに掲げられている具体的取組みは、その後の活動を見ると、「経済と道徳の一致」が竜門社などを通じた「道徳経済合一説」の普及活動や各種修養団体の支援、「資本と労働の調和」が協調会の設立とその後の活動支援、「細民救恤手段の統一」が養育院をはじめとする社会福祉事業への取組みとして実践されていく。これらの取組みは個々に独立しながらも根本的には近代資本主義が構造的に内包した矛盾に根ざしたものであった。渋沢は第一次大戦以降の大正後半期に帝国主義の軋轢やマルクス主義の影響など、大きく変化する社会そのものを問題視していた。先の三つの領域はその問題がもっとも端的に現れた領域にすぎず、渋沢は社会変化の根本をどう考え、どう対処すべきなのかについて大いに悩んでいたのであった。

富の再配分のために

まず社会事業であるが、渋沢は企業家が社会事業に尽くすべき理由を以下のように説明している。すなわち、「自分のかく分限者になれたのも、一つは社会の恩だということを自覚し、社会の救済だとか、公共事業だとかいうものに対し、常に率先して尽すようにすれば、社会は倍々《ますます》健全になる、それと同時に自分の資産運用も益々健実になるという訳である」と述べている。社会事業を通じて富の再配分をすることで社会が潤い、経済が循環する「道徳経済合一説」が表れている(梶山彬編『論語と算盤』)。

養育院の院長として

このような考えのもと、渋沢の代表的な社会事業として養育院関係の事業経営がある。江戸時代の江戸町会所蓄積金(七分積金)が明治維新後に東京府へ引き継がれ、その資金を活用して東京のインフラ整備費として使用されることが決まった。その執行機関として一八七二年に東京会議所が発足し、渋沢はこの組織の取締に一八七四年に就任した。養育院は窮民対策事業としてこの東京会議所の一事業として同時にスタートしている。一八七六年に東京会議所事業はすべて東京府に移管され、養育院も府直営事業となったが、渋沢の肩書きは多少変わるものの継続して院長職にあり続けた。

養育院の実質的な運営者は「幹事」の安達憲忠であった。感化（非行少年）と一般幼少年の区別、農工業を重視した井の頭学校、結核等の虚弱児童の保養施設、千葉県の勝山保養所、一般幼少年のための巣鴨分院等、分類＝組織化しつつも全体を束ねる共同体であり続けた（山名敦子「慈善・社会事業と実業の接点」）。

不可欠な慈善事業

渋沢は国家を担う実業家のありかたとして、慈善事業を不可欠な要因として捉え、実業人の当然の仕事として、慈善事業をともなった実業のあり方を追求した。東京府は東京会議所所有地のほとんどを売却し、第一国立銀行との間に協定を結んでその収入を年利六％で定期預金として預け入れ、経理事務も委託した。各種公債を購入して基金としてその利子収入金で養育院を運営していく手法を確立した（長沼友兄「異文化体験と近代福祉事業の形成」）。これをモデルに渋沢はいくつもの社会事業組織の資金保全・運用を第一国立銀行で引き受け、中には年利九％という高金利契約によって支援したこともあった。もう一つ、養育院の支援組織として養育院慈善会があり、実業人による賛助会員方式で運営された。社会の脆弱性を無視して経済的な繁栄はありえないと考えたのが渋沢であった。

養育院の性格は無労働能力者のための施設へと転換していった。その中で養育院の発展は児童処遇の問題を中心におこなわれ、障害児への鍼・マッサージ教育など、社会の再生産につなげる教育に大きな足跡を残した(平井雄一郎「障害児教育」)。

4　思想統合の試みと挫折

社会全般への危機感を強く抱いた渋沢であるが、その解決への答えがすぐにあったわけではなかった。ビジネスへの取組みと異なり、さまざまな社会構成員の異なる社会観の調整をはかろうとして渋沢はさまざまな団体に関わり、それらに集う人々との交流の中から思想を形成し、適切な行動を手探りで模索していったと見受けられるからである。関係の深い団体として倫理・宗教間の一致点を模索した帰一協会、労使関係の新たな道筋を模索した協調会があったが、これらの争議調停と「修養団式労務者講習会」の両面の取組みへのスタンスから、渋沢の思想と行動の選択過程を跡づけていく。

帰一協会の設立

帰一協会は、異なる宗教が相互理解と協力を推進して「堅実なる思潮を作りて一国の文明に資す」ことを目的に一九一二年に設立された（沖田行司『国際交流を推進する平和主義教育構想』）。そもそもは「明治四十四年夏成瀬仁蔵さんが発起してこれを渋沢子爵と先代の森村市左衛門男爵に話されたのが始まり」と言われている（「青淵先生関係事業調」（姉崎正治氏談）『伝記資料』第四六巻）。成瀬仁蔵が渋沢や森村市左衛門に呼びかけて一九一一年頃から「現代思潮界改善」や「宗教統一」のための準備会合をもっていたものであった（高橋原「帰一協会の理念とその行方」）。さらにこの背景には一九一〇年の大逆事件や社会主義思想の勃興という騒然たる世相に対し、床次《とこなみ》竹二郎らの支配者層が国民統制の一手段として宗教に期待をかけていたこともその起源となった（一九一二年六月の三教合同の会合、同前）。

このような前史を経て、一九一二年四月一一日に思潮界改善の方法に関する研究団体結成に向けての第一回の会合が、成瀬仁蔵の呼びかけにより井上哲次郎、中島力造、浮田和民、姉崎正治、上田敏、シドニー・ギューリックらを渋沢が招待する形で開かれて帰一協会が発足した（『国際交流を推進する平和主義教育構想』）。会の活動内容としては、宗教・哲学・道徳・社会・教育・文学に関する論文や評論を掲載する雑誌を刊行し、内外の学者の交流や国際会議、および講演会等の開催を企画していく事とされた（同前）。実際、『帰一協会会報』を年二回のペースで発行し、毎月、例会を実施していた。渋沢は設立からしばらくの間、毎回欠かさず例会に出席していた。

会の運営の中心を担った「幹事」には、成瀬仁蔵、浮田和民、姉崎正治、渋沢栄一、森村市左衛門の五名が就任した(『帰一協会会報』第二)。その中でも会の運営を中心となって担っていたのは姉崎と渋沢であった(磯前順一・深沢英隆編『近代日本における知識人と宗教』)。

学者・財界人などが広く参加

会の参加者は学者や宗教家とそれ以外に政府が直接関わらないものの官僚や政治家、財界人など支配階級の人々が広範に参加した(同前)。参加者数であるが、初期の会員数が六三名、一九二九年時点の会員数は一一九名である(『帰一協会会報』第一巻末会員名簿数一九一三年二月、「帰一協会の理念とその行方」)。

会の常連メンバーであるが、幹事五名以外には上田敏(京都帝国大学教授・文学者)、シドニー・ギューリック(宣教師・同志社大学神学部教授)、中島力造(東京帝国大学倫理学教授)、阪谷芳郎(渋沢娘婿・東京市長等)、井上哲次郎(東京帝国大学哲学教授)、原田助(同志社大学教授・総長)、桑木厳翼(東京帝国大学哲学教授)、森村市左衛門、床次竹二郎(内務官僚・政治家)、荘田平五郎(三菱)、塩沢昌貞(早稲田大学総長・経済学)、服部金太郎(服部時計店、精工舎)、矢野恒太(第一生命)

などであった。やはり学者と実業界からの参加者が多かった。

統一的大宗教・新宗教への期待

それでは渋沢自身はいかなる期待と目的を持って帰一協会に参加したのだろうか。まず会の設立に当たって渋沢は「現今日本においては、諸種の宗教並びに道徳主義雑然として、人心の帰着に迷う事多し、吾人は如此《かくのごとき》状態に甘ずべきか、思想界の指導者はこれに対していかに考えらるるか、また東西両洋文明の関係も、単に国際の問題にあらずしてこの辺に関係なきか」と述べ、東西文明や国際問題の中での宗教と道徳を取り扱うことを表明している（『帰一協会会報』第一、『伝記資料』第四六巻）。同時に「帰一する所を求めたいと企てたのは……人心を正道に帰せしめたい」からであり、「協会の事業を益々進歩拡張して是非混濁の人心を覚醒させたい」と述べ、人々が正道になく混濁している現状を訴えている（『帰一協会会報』第二）。そのために渋沢は「儒教、仏教、耶蘇教等あらゆる宗教の長所を折衷綜合したる、統一的の一大宗教」を求めたとの評価がなされているが、渋沢の統一的大宗教の意味するところはその発言の時期で微妙に変化している（『帰一協会の理念とその行方』）。

確かに渋沢は同時期の記述として「余は一般に宗教というものに対して疑念を挟み、……現在の儒教、仏教、耶蘇教等あらゆる宗教の長所を折衷綜合したる、統一的の一大宗教は出来ぬものであろうか」とか「自分一人の理想としては神、仏、儒の別なく、それらを統一した所の大宗教が出ればよいと希望して居る。（中略）その窮極の道理は一つであるから、これらを統一した宗教は出来ぬということもあるまい」と述べており、この時期統一的大宗教や新宗教への期待を表明していた（『伝記資料』別巻第六所収『青淵百話』）。周囲から見る渋沢の理解にもそれはよく表れている。井上哲次郎は「会を開いたらその中、新しい宗教が生まれるかも知れないと云った」との談話を残している（井上哲次郎「渋沢子爵追憶談」『竜門雑誌』第六三七号）。

宗教から道徳へ

しかし渋沢の考えはこの会を重ねる中で変化していったように見える。晩年の談話として「各宗教を研究して、動かぬ所を摑む事が理想であったかもしれない。（中略）成瀬氏がそんな事を云っていたが、それは全然不可能であると思って居た」と統合的な宗教という考えをもっていなかったと回顧している（「雨夜譚会談話筆記」『伝記資料』第四六巻）。

この回顧談でそもそも渋沢は「私自身は初めから宗教に頼らず、孔子の教を以てこれなれば足ると堅く信じていた」と述べており、さらに「宗教も政治界なり実業界に応用してこそ活きて来る。経済的観念のない宗教信者の働はすこぶるまだるっこい。また経済に従事する者がそれのみに傾けば、守る主義がなくなる」とあるように、渋沢の考えはビジネスなどの実社会での統一的な道徳規範を求めているのであって、宗教性の色彩、観念は極めて薄かった。同時に「それにしても耶蘇や仏教や神でも困るから、儒教主義を根本として一種の宗教を組織したら」と続くようにあくまで儒教倫理をその中心とすることを求めていた（「雨夜譚会談話筆記」一九二八年一月一七日、『伝記資料』第四六巻）。

以上の検討からわかるように渋沢の宗教に対する期待も時期によって変化していた。統一的な宗教や宗教間に共通する根本理念の抽出といった当初の期待感から、宗教への期待が薄れ道徳に収斂していくのは、宗教家や宗教学者間の見解の相違がまず大きかった。変化のプロセスとその原因を検証してみよう。

渋沢は、一九一五年三月一〇日の帰一協会の例会で「時局に対する国民の覚悟」を表明した。一九一三年の排日土地法案の上程といった一連のアメリカ・カリフォルニアにおける日本人移民の排斥運動、一九一四年の第一次世界大戦の勃発等の世界情勢に渋沢は強い懸念をもっていた。すなわち、渋沢はこの文言の中でまず「一体文明とはいかなる意義のものであるか、要するに、今日の世界はまだ文明の足らないのであると思う」と世界の置かれた状況に悲観的な見解を述べている。そのような情勢の中で日本は「已む事を得ずばその渦中に入って弱肉強食を主張するより外の道はないか」と疑問を投げかけている。しかしながら「我々はあくまでも己れの欲せざる処は人にも施さずして東洋流の道徳を進め、いやましに平和を継続して、各国の幸福を進めて行」くべきであり、弱肉強食という欧米による国家的エゴイズムを克服する独自路線の模索を提唱している（渋沢栄一「時局に対する国民の覚悟」『竜門雑誌』第三二八号、『伝記資料』第四六巻、「国際交流を推進する平和主義教育構想」）。

さらに日本がイニシアチブを取って「単に国内の道徳のみならず、国際間において真の王道を行うということを思うたならば、今日の惨害を免れしめることが出来ようと信ずる」と世界レベルでの道徳と幸福の追求を求め、「我々はこの際大いにこれを融和する道がある、調節する方法があると思われるのであります。そのことに就いて諸君はどうか私の蒙を啓かるるように願いたい」と結んでいる（同前）。

帰一協会の宣言

このような渋沢の強い危機感を具体化するために帰一協会に対して「今回の世界戦乱に際し特に我が国民道徳の標準を確定する必要なきか」と問いかけ、浮田和民、中野武営、姉崎正治、阪谷芳郎など二七名をメンバーとする「時局問題研究委員会」を一九一五年三月に組織し、その後約九カ月かけて答申をまとめていった（同前）。

この答申は帰一協会が初めて世間に直接送ったメッセージと評価されているが、答申をまとめるためには多大な労力と時間を要する事となった（「帰一協会の理念とその行方」）。まず、この会合は当初「議論百出、更に根本問題に入り、議論は動《やや》もすれば逆戻りせんとする傾向ありしが、後ほとんど座談的となりたり」という状態でなかなか議論が進まなかったのである(同前)。たとえば阪谷芳郎から「元来個人主義と家族主義との衝突は日本国民道徳を破壊するものなり、故に大いに家族主義となすべし(忠孝)この主義を明言されたし」といった注文が提起されるが、メンバー間の思想上の隔たりは大きく、一致点を見出す事は大いに困難であった(同前)。

発足から四カ月経った七月の第四回委員会でようやく宣言の文案を姉崎に一任して起草する事を決めている(同前)。姉崎は「国民精神の養成」という項目において「社会道徳の涵養は、政治教育以外、さらに宗教文芸学術の力に待つこと多く、実業殖産の道に依りて民に恒心あらしむることを要す」との表現で宗教の役割に言及する草案を盛り込んだ(同前)。

この「宣言」制定のプロセスは、帰一協会の一致点を外部に表明することでは大きな成果と言えるかも知れないが、最終文面には「宗教」と言う言葉さえも盛り込めず、宗教の役割や位置づけには一切言及しないものになった。既存宗教間の隔たりの大きさ故に宗教という言葉に対する何らかの共通理解を得る事さえも困難だった事を示すものでもあった。またこの問は渋沢によって会員に投げかけられたにもかかわらず、そのとりまとめに渋沢自身がイニシアチブを発揮しなければできなかったことをも渋沢に示す結果となった。

統一的な宗教への期待

しばらくたった一九二一年五月の竜門社春季総会で渋沢は「利弊相伴を警む」と題する挨拶をおこなっている（一九二一年五月八日竜門社春季総会、『竜門雑誌』第五五九号（一九三五年）に再録）。帰一協会に関して自分自身は無宗教で論語の教えを信じる事を改めないが「多数について考えてみると、やはり一つの看板を掲げる宗教が必要であろう」と述べており、統一的な宗教に対する期待を捨てていない事が表明されている（『竜門雑誌』第五五九号）。

毎回の例会内容を余すことなく収録して年二回欠かさず発刊されていた『帰一協会会報』は一九一六年の第八号以降、丸四年に渡って発刊されず、一九二〇年に再開されたものの四号を以て途絶えた。その間、『叢書』という形での意見表明は続くが、会の自由な議論を伝えるものではなくなっている。井上哲次郎は「いろいろな人がいろいろな意見をかわるがわるに述べるのみで、宗教はむしろ不帰一の傾向になって来たので、宗教的信念より云えば、予期した所よりむしろ横にそれて行った感がある。初一念の真精神を失って末梢的になっていったことは確かである」と述べている（「渋沢子爵追憶談」）。

国際的融合の精神で

渋沢の一九二八年の帰一協会に対する言葉として「今では宗教団体でもなく、学問的研究の会でもなく、単に一種の相談会として存在している始末で、私もめったに顔を出さない」とあり、期待はずれの会に対して批判的になっている。姉崎も「子爵（渋沢）が失望されたと云うことは確かです」と認める発言を残している（「雨夜譚会談話筆記」『伝記資料』第四六巻）。

姉崎が渋沢死後の談話として「『帰一宗を作るや否や』という問題は予備討議中にしばしば出た論点であって、青淵翁のお考えにはその傾向があったと共に、成瀬君にも同じ傾向があり、この点は他の数人と少し異なっていた」と述べている。さらに「人心感化について青淵翁のお考えは、やはり徳川時代の儒教風に、『上の徳は風、民の徳は草』というように、先達者が良い教えを立てて、これを民に与えるという傾向があった様に思われる」と評している（姉崎正治「青淵翁と宗教問題」『竜門雑誌』第五四二号、『伝記資料』第四六巻）。

このような渋沢に対して姉崎は「帰一協会の趣意は、通常いう意味の宗教だけでなく、異なる国々、民族、階級、人種などについても、同様清算の役目を勤め（また少なくとも清算交換の必要ある所以を示し）、これに依って、人類文化の将来に対して、人心の根底から共同和衷の精神に進みたいというを目標とするに努めたのである。……青淵翁の労使協調その他多くの社会事業に尽くされたのも、翁の儒教主義から出た帰一努力の一面だと信じている」とあるように渋沢のエネルギーは思想を人々の行動に反映した活動に移っていった（『伝記資料』第四六巻)。すなわち、帰一協会のもっていた国際的融合の具体的行動は日米同志会、日米関係委員会、フレンド平和奨学金などの活動となっていった(「国際交流を推進する平和主義教育構想」)。

5　協調会と修養団

労働問題の登場と協調会の設立

帰一協会への積極的な参加からわかるように、渋沢は社会的な軋轢回避のために宗教や道徳の統合に大きな期待をかけたが、人々の内面に踏みこみ、既存の各宗教の壁を突破することの困難さに直面し、その期待感は急速に減退していった。しかし世界情勢は第一次世界大戦の勃発に見られるように悪化の一途をたどり、具体的な対応を必要としていた。なかでもビジネスに深く関わった渋沢にとっての最大の問題は、マルクス主義の影響を強く受けた労働問題の登場であった。渋沢が選択した具体的対応こそが協調会であった。

協調会は、第一次大戦直後の一九一九(大正八)年末に設立された、労働問題を専門に扱う「官民一致の民間機関」であった(米川紀生「協調会の成立過程」)。この時期は、国際的にもロシア革命の勃発、欧米における労働組合の急速な発達、国際労働会議の開催など、労働問題が注目されていた。日本もこれらの影響を受けて、急速に労働運動が高揚しており、さらに戦後不況の始まりによって労働争議が頻発していた。このような激動する時代の変化に対し、従来の温情主義に代わる新たな協調主義によって対応していかねばならない、との考えによって設立されたのが協調会であった。

協調会館　所在地は現在の港区芝公園

官僚と財界人たちを中心に

協調会の設立に中心的な役割を果たしたのは、床次竹二郎内務大臣を中心とする政府内務官僚たちと、渋沢栄一や日本工業倶楽部に集う財界人たちであった。渋沢は一九一八年の年頭に「労働者においてのみ従たるの片務を強いらるるの理由あるべからず。何らかの適当なる方法を要求するは当然の成り行きに属す、(中略)予は労働者にも相当許さるべき要求ある場合を生ずべきを以てその如き場合において何か我国情と時代の要求との適合する方法の存すべきを想定しこれを探求せん」と明確に協調主義の立場を表明している。さらに「英国が戦後経営の一策として資本と労働との調和を図らんとして全英産業院なるものを設立し、資本家と労働者との双方より同数の委員を選出せしめ労働問題の総てをこれが解決に一任せんとするの案ありと云える如きは我国人も大いに研究を要す」との見解を示し、その後、時間をかけての実現となっていったが、政労使が参加する協調会の基本コンセプトを表明している(『竜門雑誌』第三五七号)。

協調会のメンバーと活動

一九一八年末よりこれらのメンバーで繰り返し会合がもたれ、日本工業倶楽部において設立趣意書や設立綱領の原案が何度も練り直され、さらに渋沢を中心として財界に対する寄付金募集がおこなわれた。会長には徳川家達、副会長には渋沢、大岡育造、清浦奎吾と、当初より協調会設立に深く関与していたメンバーがそのまま就任した。また、日本工業倶楽部からも中島久万吉、和田豊治、郷誠之助をはじめとして、資本労働問題調査委員会のメンバーを中心に多数役員に名を連ねた。

協調会は、桑田熊蔵・松岡均平の両法学博士を会の中心となる常務理事に迎え、労働代表の参加は叶わなかったが、政・財・官・学会から多くの理事・評議員・常議員を集め、発足した。「官民一致の民間機関」と言われているように、さまざまな立場の人間が関与して設立されたが、関わった人間はそれぞれに独自の意図をもって協調会に参加していた。実際に活動を開始すると、早速に理念としての労使一体と施策としての協調主義が衝突したのであった。初期の混乱を経て常務理事に就任した前内務省地方局長添田敬一郎、元鉄道省経理局長永井亨、前内務書記官田沢義鋪の三氏によって「当時の協調会は半ば梁山伯の観を呈していた」と言われるように、さまざまな路線を引きずりつつ、協調会の活動の基礎はつくられていった(『財団法人協調会史』)。

協調会のおこなった活動は、労働者に対する講習会・講演会の開催や労働者学校の経営、さまざまな調査活動と労働問題に関する雑誌や資料の発行、労働争議の調停活動、労働問題に関する欧米の最新文献の翻訳、労働行政に関する政府への建議、職業紹介事業、付属の産業能率研究所による科学的管理法の紹介と普及など、実に多様であった(黒川小六編『協調会事業一班』)。これらの活動の中で①労働争議の調停、②修養主義に基づく労働者講習会の実施が特に実効をあげた事業として注目される。

大規模争議の調停

協調会に争議調停機能をもっとも期待していたのは渋沢であった。渋沢は、「私どもの計画している協調会は、畢竟から云うと、紛擾を調停し、資本家と労働者とをして所謂《いわゆる》和衷協同して、各々産業の発達に努力せしめんがためである。この趣旨において私は、世の幾多の資本家対労働者間の紛議が、速やかに調停せられんことを望むものである」と述べているように、設立の計画段階から争議調停の役割を期待していた(『実業之日本』

一九一九年九月一日号、『伝記資料』第三一巻)。

争議調停活動が強力に推進されたのは、労使の立場から離れた添田敬一郎が常務理事に就任してからであった。「添田氏は協調会の常務理事となって、労働争議調停を受け持って以来、最後までそれが氏の主要任務であった」と記されているように、常務理事自らが率先して争議調停の任に当たった(『添田敬一郎伝』、高橋彦博「協調会イメージの再構成」)。一方で慎重派の中島久万吉は、添田の争議調停活動をはじめとする協調会での活動をこころよく思っていなかった(『男爵中島久萬吉氏談話速記』)。

協調会による労働争議の調停は、一九二〇年代後半にもっとも盛んにおこなわれた。背景としては労働争議調停法が一九二六年に制定され、いわゆる「調停法体制」がめざされたことを受けたものであった。その特徴としては、法の適用を受けない「事実調停」によって争議解決がはかられたという側面をもつ。その調停の担い手となったのが協調会であった。協調会がおこなった争議調停は、相談に乗った程度のものまで含めると三〇〇余件とも言われている。しかも、協調会が関わった争議は、社会の注目を集めるようなかなり規模の大きい争議を調停しているという大きな特徴があった。添田敬一郎常務理事は「日本楽器、別子鉱山、野田醤油等の当時有名な三大労働争議の調停に異常なる努力を払われ見事成功」したと記している(『添田敬一郎伝』)。

労働側に有利な早期解決を

協調会による争議調停は、争議が経済闘争の場合には比較的労働側に有利な調停結果となり、政治闘争や労使双方の意地のぶつかりあいとなるような感情的な闘争の場合にはあくまで争議の早期解決を主眼に置いた調停結果となった。さらに、協調会が調停をおこなった争議中、日本労働総同盟が関わった争議が圧倒的に多かった。これは、総同盟が「労働争議統制を提起し、調停利用の方針を打ち出していた」ことにもよるが、同時に協調会が、総同盟に代表される穏健な労働組合の育成という明確な方針をたてていたことにもよるものであった(林博史『近代日本国家の労働者統合』)。

このような調停を積極的に利用し、話し合いによる解決がはかられ、労働側要求もある程度認められた「妥協型争議調停」には、大日本紡績橋場工場争議(一九二七年)、鐘淵紡績京都・淀川工場争議(一九三〇年)、富士瓦斯紡績川崎工場争議(一九三〇年)などが当てはまる(「妥協型争議調停」の表現は『調停年報』に収録されている「労働争議調」の中で調停結果欄に記載されている「妥協」の名称を用いた)。これらの争議は当時社会的にもたいへん注目を浴びた重要な争議であった。いずれの争議においても労使だけでは解決が不可能となった後に、争議団は総同盟幹部に解決を一任し、会社側は斡旋や調停を協調会に依頼して争議の収拾がはかられた。

協調会は、特に争議調停の最終局面以前の段階できわめて大きな役割を果たした。大日本紡績争議や鐘淵紡績争議などに代表されるように早い時期から協調会職員によって何度も労使会見や下交渉がもたれた。このように協調会は、「フォーマルな調停者」による一種の調停委員会が開かれる以前の下交渉を担当して、調停を裏面から補完する機能を果たした。

労使一体の理念

争議を解決に導くためにもっとも重要であったのは、労働者といかに腹を割って話ができる関係を築けるかという点であった。「伝法肌の人であり、義理人情とか仁義の社会に生きるという感じの強い」タイプの協調会職員もいて、早くから争議工場に乗り込み、時間をかけて話し合いをできる雰囲気を醸成していった(『添田敬一郎伝』)。

協調会職員が労使の話し合いの下地をつくった後、添田常務理事によって交渉の詰めがおこなわれたが、ここでも重要な点は同じであった。総同盟の西尾末広は、「添田さんは常識のひとであるとともに人情の深い人である。だからこそ理論や計算では割り切れない争議をうまく解決することができたのである。添田さんは親分肌の人である。だからこそ思想的にも、行動的にも、必ずしも納得していない当時の労働運動者に対してもあたたかい寛容な態度で接せられたのである。われわれもまた添田さんには心の紐を解いて接渉することが出来たのである」

と述べている（『添田敬一郎伝』）。添田常務理事は、伝統に根ざした労使一体理念に基づいて労使間の相互に信頼できる関係を築いて、第三者による争議調停という協調的施策の枠組みをつくっていった。

このように労働組合の進展にともなって階級対立思想に基づく労使紛争が激発するなか、多数の会社は協調会の協力を得つつ、労使の話し合い、相互理解のスタイルを確立していった。施策としては穏健な労働組合を育成していく点で協調主義的施策であるが、その解決方法としては労使一体理念に基づくような労使の相互理解の土壌をつくっていくものでもあった。

協調会の労務者講習会と修養団

他方で「労務者講習会」は、後に青年団運動で有名になる元内務官僚の田沢義鋪常務理事によって推進された（藤野豊「協調政策の推進」）。田沢は渋沢の強い意向で協調会に迎えられたのであった。渋沢は争議調停とともに労務者講習会という修養活動を協調会の実践的活動として導入し、協調会は修養活動という思想・教育運動をも実践活動として取り入れていった。

協調会の労務者講習会は「主催は協調会であったが、講習の実際は修養団がおこなっていたからである。したがって、その実体は修養団講習会であり、その講習の受講者の多くが、修養団に入団し、それら団員を拠点にして、団運動が各企業の中に展開していったのである」とあ

修養団の青年運動家たち　左から蓮沼門三，田沢義鋪，前田多門（1917年，第3回天幕講習会）

るように、修養団と深く関係して実施された（『修養団運動八十年史　概史』）。

修養団とは、蓮沼門三によって設立され、「流汗鍛錬、同胞相愛」をモットーとし、総親和、総努力の皇国魂を普及させる「白色倫理運動」を展開した、戦前・戦時期を通じてかなりの広がりをもった社会教育団体であった。その発展に当たっては「世に軽んぜられ、人に棄てられていた修養団を拾い上げて、哺育された道の親こそ実に渋沢男爵その人であった」と述べられ、一九一〇年に修養団顧問に就任した渋沢の果たした役割は小さくない（『伝記資料』第四三巻）。

青年団運動の指導者・田沢義鋪

渋沢は田沢義鋪の協力を仰ぎながら修養団活動を労働者・企業レベルへ拡げていった。田沢義鋪（一八八五～一九四四）は、青年団運動の指導者として知られている。東大卒業後に内務省に入省し、静岡県の安倍郡長として青年団活

修養団第2回天幕講習会(1916年)

動と接し、修養団の天幕講習会を形成していった人物であった。修養団式講習会とは、「我等は労務者たる前に先ず人である、資本家たる前に先ず人であることをモットーとし」「講師も講習員も寝食起居を共にし、全生活を通じて、人生に対する正しい信念を養い、これによって人の人たる道を明にすると同時に、社会問題労働問題等に対する正しい理解を進めて、社会の健全なる進歩発達に貢献せんとする」目的をもっておこなわれた(『財団法人協調会史』『最近の社会運動』)。具体的には、添田や田沢その他協調会職員による講義、国民体操、道場の掃除などの作務をおこなった。一九二一年から一九二九年にかけて一〇五回開かれ、延べ参加人数は一万七〇〇〇名を超えたと言われている(『最近の社会運動』)。

田沢は一九一五年明治神宮造営局総務課長、一九一九年に神社局第一課長として明治神宮の造営と外苑造営に携っていき、その造営に全国の青年団を動員したのであった。修養団では一九一五年から二二年にかけての全一五回の天幕講習会にほとんど欠かさず参加しており、一九一九年からは評議員にも就任している。ほとんど同じ時期の一九二〇年に協調会常務理事にも就任しており、一九二一年から二三年にかけて全一六回にわたる協調会による労務者講習会が開催された。青年団運動、修養団、協調会と三つの組織に関わっていた田沢であったが、一九二四年の平沼騏一郎の団長就任と相前後するように修養団からは距離を置き始め、二五年に理事を辞任している。また協調会も一九二四年に衆議院選挙立候補を理由に辞任し、一九二一年の財団法人日本青年館の創立理事、三四年の大日本連合青年団理事長と青年団運動に一本化していった（木下順「日本社会政策史の探求（上）地方改良、修養団、協調会」「協調会の労務者講習会」、武田清子『日本リベラリズムの稜線』）。

諸井恒平と小倉正恒

協調会による修養団式講習会は、その後各企業への修養団活動の浸透につながっていった。経営者も積極的にその導入をはかり、例えば東芝の大田黒重五郎、秩父セメントの諸井恒平、住友の小倉正恒などが熱心であった。「東洋紡姫路工場の団員は三千名に達し（昭和三年十二月）、八幡製鉄連合会の団員数は五千人を突破している（昭和六年二月）。秩父セメント秩父工場では全従業員二百六十名が終身団員となり（昭和八年三月）、大阪住友製鋼所では終身団員五百二十二名に達した（昭和八年末）」と記されている（『修養団運動八十年史　概史』）。秩父セメントへの修養主義の導入は、「企業は人に在り」という諸井恒平（一八六二〜一九四一）の考えに基づくものであった。諸井は人格修養、福利厚生の諸施策を行う目的で「有恒園」を設立し、精神面の活動を担ったのが修養団だったのである（『秩父セメント五〇年史』）。

住友の修養活動はよく知られているように、小倉正恒（一八七五〜一九六一）によって推進された。小倉は「修養団の愛国倫理運動が宗教を尊重しつつも、また政治浄化を念じつつも、一宗一党に偏せず、愛汗の実践によって、家庭、職域、延いては社会、国家の浄化、善化を目的とする点に着目して、広く幹部職員、一般職工鉱員をこの運動に参加せしめたが、これは労使の意思疎通を図りつつ、生活の本拠たる家庭職場の浄化、健全化に裨益するところ大であったと考える」と述べており、修養団運動をきわめて重視していた（『小倉正恒談叢』、他に瀬岡誠『近代住友の経営理念』「修養団と財閥経営者─一　渋沢栄一と小倉正恒を中心として」）。ここで取り上げた諸井や小倉は労使関係において人格主義の考えを重視した代表的経営者と言えよう。

人格主義・修養主義に根ざして

労務者講習会はまさに人格主義・修養主義に根ざしたもので、労使一体の考えに連なるものである。協調会の活動として修養主義の側面を取り入れることを推進したのは渋沢栄一であった。しかし、渋沢は修養団の蓮沼門三を「精神の修養」を重視する姿勢を評価し後援すると同時に、その「空想」的な部分や「法華宗のお題目式」手法に違和感をもち嫌っていた(『伝記資料』第四三巻)。そして精神主義的な要素の濃い修養団式労務者講習会を主導した、「新官僚として行動し、その上、日本主義の立場を鮮明にした」とも評される田沢義鋪を積極的には協調会に残そうとしなかったのであった(高橋彦博『戦間期日本の社会研究センター』)。

6　新たな労使関係の模索

渋沢の目ざしたもの

渋沢は拡大再生産を前提とした近代資本主義社会をよく理解し、そのための民間経済の興隆のための旗振り役を務めると同時に、そのことによって生じる社会的な矛盾を認識し、社会公共事業に積極的に取り組んだ。民間経済に優秀な人材を惹き付け、なおかつプライドや使命感を持って近代経済の担い手となるべき広範な人材育成に腐心した。また、ハンディキャップをおった人々から目を背けたり、排除することなく、社会の正規構成員と位置づけ、コストとして社会が負担し続けるのではなく、少しでも社会に参加できる場を追求していった。

さらに渋沢は第一次世界大戦前後の世界的な軋轢の増大に対して、帰一協会を通じて価値や道徳観念の一致を模索したが、宗教学者や宗教家との交流から宗教や道徳に関する自らの楽観的な考えを修正しなければならないほどのダメージを受けた。

その後、その行動の中心を社会構成員として大きな存在に成長した労働者や従業員との労使関係に据え、協調会の経験を通じて財界人や労働組合指導者との隔たりの大きさ、さまざまな考えを持つ新官僚たちとの実践活動から自らの労使関係観を模索していった。結論的には労働組合法の制定に努力した新官僚などから、労働組合のような独自の社会集団を多元的に国家機構に位置づけようというリベラルコーポラティズムの影響は受けつつも、労使間の共通基盤を模索する争議調停のあり方や修養団式講習会との関わりを見せている。実際に添田敬一郎と田沢義鋪という、考えのかけ離れた新官僚たちとそれぞれに活動を共にしているところに着目しなければならない。

渋沢がここで取り上げた三団体の中で、もっとも積極的かつ長期間関わったのは結果的に協調会であった。晩年の道徳の重視と強調は実業界、ひいては社会全体のモラル低下を危惧してのことであったが、自らの晩年の重点領域として同列に位置づけていた労働問題への対応手法としては、家族主義や修養主義的な色彩よりも労使は基本的に立場を異にする二元論に基づく協調主義を基盤に選択した。これは同時期の帰一協会への大きな失望もあって、世界的な潮流への対応として労使は一体であるとする一元論を基盤とするのでは対応不可能という判断だった。しかし、日本全体では渋沢の志向した政治闘争や階級対立を否定しつつ労使の精神的なつながりを維持しつつ妥協点を探ろうという、折衷的な協調主義が戦前を通じて労使関係の主流になることはなかった。

折衷的な協調主義

渋沢の人間関係観は深く社会に根ざしている。渋沢自身は帰一協会の活動の挫折から東洋的価値観と西欧的価値観を統合したり、共通部分を見出すことの難しさをよく理解していた。帝国主義や社会主義といった西欧の新たなインパクトを受け、西欧的価値観を受け入れた新たな人間関係観の形成をいち早く模索した。すなわち、二元論的人間観（労使観）を日本的に修正して導入しようと試みたが、「日本的」（一元的人間観、同じ土俵上であること）を内包することで進化させることは果たされなかった。社会からは論理矛盾と受け取られて大きな揺り戻しを受け、短期間に新たに進化したモデルを形成することはできなかったのである。それはある意味では当然のことであり、戦後の企業別組合の発展とその中での産業民主主義の形成、そして現代、ようやく緒につき始めた成果主義等の欧米型の経営スタイルと融合した経営の主張と実践に至っている。人間関係観の変革プロセスには当然必要とされる時間であり、その端緒を開いた渋沢の労使観・社会秩序観は大いに着目すべきであろう。

おわりにかえて――渋沢の構想した近代社会

官尊民卑の打破

渋沢栄一は、驚くべき学習能力の高さを示して、農民の子から武士身分を獲得し、明治新政府にあっても経済官僚として高い能力を発揮する。しかし、権力闘争の渦巻く中、政官界よりも、「官尊民卑」の打破を掲げて「民」にあって自立できる民間経済社会の建設を我が仕事と選択していった。

第一国立銀行を中心にしながら、少数者による非公開の出資ではなく、大口から小口まで多数の誰もが出資することができ、なおかつきちんとした会計処理制度を導入することで恣意的に運営されない会社制度の確立に腐心した。日本の近代化に必要不可欠な多様な会社を立ち上げ、必要とされる局面では誰よりも責任を背負って会社の立ち上げ、運営を主導した。渋沢にとって保有する株式は会社を支配するためのものではなく、その会社への人々の期待の現れである株価の上昇にともなって得た売却益が、次の会社の立ち上げ資金として利用された。またビジネスの性格に合わせて、合資会社や匿名組合などのさまざまな制度を組み合わせて用いる工夫も編み出した。

渋沢が同時並行で多数の会社を運営していくためにはさまざまなタイプの経営者の協力が必要であった。未知の領域にリスクを負って積極的に投資してくれる経営者、さまざまなルートで見出された現場支配人から専務取締役に昇格していった専門経営者たちである。渋沢は当初、地縁・血縁者を重用していたが、その役割は渋沢の身の回りのサポート役に後退していった。代わって二人の娘婿、法学者の穂積陳重、経済官僚の阪谷芳郎が渋沢の社会貢献活動の重要な補佐役を担った。

日清・日露戦争前後には日本経済の体質強化のために経済政策に対する独自の発言と行動を積極的におこなった。しかし、その動きは渋沢の意に反して「民」の政府頼み、「官」の一元管理が強まる方向に向かった。

日本という国家の構成員のあり方にも積極的に関わった。高い能力をもつ人材が産業界に進むようさまざまな教育機関を自らの行動をもって支援し、人々が社会のマイナスと考えがちなハンディキャップをもった人々を社会の一員とし、目をそむけることなく向き合った。マルクス主義の台頭にともなって対立が激化した労使関係に対して、世界的な思想・宗教の共通項を見出すことに挫折しながらも、異なる立場を認めつつ一致点を模索する新しい対応に向けてどの財界人よりも積極的に行動した。

九一歳の大往生

栄一は、一九三一（昭和六）年に大腸狭窄症を患い、一〇月一四日に手術を受け一一月一一日、九一歳で亡くなった。皇室から勅使が差し遣わされ、孫の渋沢敬三が喪主となって青山斎場で葬儀が執りおこなわれた。飛鳥山から青山までの沿道には地元の各小学校や関わった学校の学生生徒、一般の人々など、万に至る数の人々が葬送の車列を見送った。

葬送の列（飛鳥山の自宅前の通り）

渋沢の長い生涯をかけて追い求めた社会が一〇〇％実現したわりではなかった。挫折を繰り返しつつ、反対にあいながらも新たな地平を求めて思考し、行動し続けた点が渋沢の真骨頂であった。非財閥系の会社モデルを構築し、社会全体を構想し、行動した人であったが、「官尊民卑の打破」のスローガンのもと、民間にエネルギーがたまる仕組みを構築しないことには社会は育たないことへの思いはぶれない人であった。閉塞感に覆い尽くされる現代に生きる誰もが、全体像を「思考」する力を身につけ、積極的に「行動」することで活路を見出したいものである。

あとがき

本書は、二〇〇七年に出版した『渋沢栄一の企業者活動の研究——戦前期企業システムの創出と出資者経営者の役割』(日本経済評論社)と、その前後に寄稿した、社会事業関係を含めて取り扱った「経済立国日本の経済学——渋沢栄一とアジア」(『岩波講座「帝国」日本の学知第二巻「帝国」の経済学』所収、二〇〇六年)や「渋沢栄一の労使観の進化プロセス——帰一協会・協調会・修養団」(『進化の経営史——人と組織のフレキシビリティ』所収、有斐閣、二〇〇八年)、「明治の企業家・渋沢栄一に見る社会認識と事業創出」(『一橋ビジネスレビュー』二〇〇九年夏号)などをベースにして大幅に加筆・修正して書き下ろしたものである。

二〇〇七年に『渋沢栄一の企業者活動の研究』を刊行した時には、これが私の渋沢研究の最初で最後の集大成との思いもあったが、もう一冊、『渋沢栄一の社会貢献活動の研究』とでもいうべきような姉妹本を作りたくなった。それなくして渋沢研究は完結しない、との思いを抱くようになったからである。少しずつ社会貢献活動の実証研究を始めたが、このように早いタイミングでそれを盛り込んだ一書を刊行できるとは夢にも思っていなかった。機会を与えていただいたすべてのご縁に感謝・感謝である。

世に多くの渋沢本が出ている。現代に引きつけた自由な解釈は大いに結構だが、九〇年に及ぶ生涯現役とも言うべき渋沢の多彩な経済活動・社会活動の全容とそこに一本はっきりと貫通する日本社会への思いと、それでも実現できなかった限界を理解せずに渋沢を解釈することは渋沢翁に失礼千万との思いを強く抱くようになった。若い頃は血気盛んだが、至極温厚で、降りかかる難題に決して怯まず対処していった渋沢の行動力はいったいどこから来たのか、それを支えたものは何だったのかを知ってほしいと強く思った。一言で言うと人は損得で結びつくものではない、正しい理念とそれを実現したいと思う熱意で結びつくことこそ大事だということである。

ところで、本文ではふれなかったが渋沢は首都東京そのものが灰燼に帰した関東大震災の時、自らの事務所や第一銀行本店が焼失したにもかかわらず、新たな東京の復興・再建・建設に対して多方面にわたって全精力をつぎ込んで取り組んだ。そして幕末・明治維新以来、日本が歩んできた道筋を自ら歩き、その長所・短所をよくわかった上での新しいグランドデザインが立案された。震災に強い都市づくり、人々の新しい関係構築、経済やビジネスの復興、国際的なネットワークの導入など、新日本の建設ともいうべき再建を率先した行動をもって示した。そこには渋沢のもつ幅広い人的ネットワークがふんだんに活かされた。これこそが日頃の識見・行動が生きるところであった。渋沢は物質的な喪失はいくらでも再建できる、いま大事なのは、物的な豊かさに目を奪われて、失いかけていた公共心や利他心を今ここで再度呼び戻すことができるかだ、と人々に訴え続けた。

東日本大震災と福島原発のメルトダウンという、現時の日本が抱える国難の中で民間にあって渋沢のような行動ができているのだろうか。政官のリーダーシップの無さを嘆き、責任の所在探しをするばかりでなく、新たな国づくりに民間の力が結集されることを願ってやまない。

本書は、私のささやかな渋沢研究を支えてくれた多くの協力者なくしては成り立たなかった。そのすべてを書ききれるものではないので、中でも長年にわたってもっともお世話になった渋沢栄一記念財団と渋沢史料館の渋沢雅英理事長と井上潤館長へのお礼を書かせていただきたい。気がつくと二五年以上のおつきあいになっており、その間の史料館の充実と情報公開がなければなりたたなかった私の渋沢研究である。あわせて昨今、渋沢関連会社を取り上げる若い研究者が増えてきたことも喜ばしい。まだまだ未知の渋沢の経済活動・社会活動の実際と、そのメカニズムや意味合いが浮かび上がってくることを期待している。

最後になったが、岩波書店新書編集部の平田賢一氏に企画をお話しして以来、本書ができあがるまで何から何までお世話になった。聞くと一九八四年に岩波文庫で出された『雨夜譚』を担当されたと伺い、このような光栄なことはないと感激した。ここに感謝の言葉を記させていただきたい。

二〇一一年六月

島田昌和

年　譜

年	年齢	栄一関連(主として本文中に関係するもの)	日本と世界
一八四〇 天保11		武蔵国血洗島に生まれる	アヘン戦争
五三 嘉永6	13	初めて江戸を見物	ペリー来航
五六 安政3	16	岡部陣屋で御用金納付を申しつけられる	
五八 5	18	千代と結婚	安政の大獄
六一 文久元	21	江戸に出て海保漁村の塾生になる	
六三 3	23	高崎城乗っ取り、横浜焼き討ちを計画。京へ旅立つ。一橋家「御用談所下役」となる 桃井可堂が赤城山で旗上げ	八月一八日の政変
六四 元治元	24		禁門の変
六五 慶応元	25	「勘定組頭」に取り立てられる	
六六 2	26	「御使番格」に昇格	慶喜、徳川宗家を相続し、将軍となる
六七 3	27	パリ万博参加の徳川昭武使節団に随行して渡航	大政奉還

一八六八	明治元	28	11月　帰国	鳥羽伏見の戦
六九	2	29	静岡商法会所を設立。10月　大蔵省租税正へ	
七〇	3	30	9月末に租税正として大蔵少丞に昇格	
七一	4	31	父・美雅死去。『立会略則』を著す	廃藩置県
七二	5	32	東京会議所ならびに養育院を設立	国立銀行条例制定
七三	6	33	5月　大蔵省を辞任。第一国立銀行総会。抄紙会社を設立	
七四	7	34		佐賀の乱、台湾出兵
七五	8	35	東京鉄道会社の設立を主導 ホイットニーを教師とする商法講習所開設	
七六	9	36	品川白煉瓦製造所の設立に関わる	
七七	10	37	拓善会を組織。三井家の相談役となる	西南戦争
七八	11	38	第一国立銀行釜山支店を開設。東京商法会議所を設立	
七九	12	39	東京海上保険会社を設立	
八一	14	41	日本鉄道会社を設立	
八二	15	42	長女・歌子が穂積陳重と結婚。妻の千代が41歳で病没 大阪紡績会社、共同運輸会社を設立	
八三	16	43	兼子と再婚	

八五	18	45	竜門社発足	
八六	19	46	京都織物株式会社創立発起人会	
八七	20	47	東京手形交換所を設立	
八八	21	48	次女・琴子、阪谷芳郎と結婚。製藍会社を支援。東京女学館開設	
八九	22	49	北海道炭鉱鉄道株式会社を設立。渋沢同族会第一回会合が開かれる	大日本帝国憲法発布
九二	25	52	穂積、「清水家家法」を制定	
九三	26	53	東京瓦斯会社取締役会長となる	
九四	27	54	青木漁猟組に匿名組合員として出資	日清戦争開戦
九五	28	55	青木商会を支援	日清戦争終結、下関条約調印
九七	30	57		金本位制を導入
九八	31	58	韓国を視察	
一九〇〇	33	60	男爵となる。大倉商業学校開設。韓国を視察	
〇一	34	61	京華商業学校開校。日本女子大学開学	
〇二	35	62	日本興業銀行を設立。欧米へ旅行	

〇四	37	64		日露戦争開戦
〇五	38	65	鉄道抵当法施行	日露戦争終結
〇六	39	66	阪谷芳郎、大蔵大臣に就任。鉄道国有法公布。韓国を視察	
〇八	41	68	〜〇九年にかけ東京高等商業学校で「申酉事件」が起こる	
〇九	42	69	1月　三女・愛子が明石照男と婚約。6月に第一銀行等を除く大半の関係事業より手を引く。8月　渡米実業団と共に訪米	
一〇	43	70		韓国併合
一二	45	72	長男・篤二の廃嫡方針を同族会で決定。帰一協会を設立	
一九一四　大正	3	74	高千穂高等商業学校開校	第一次世界大戦勃発
一五	4	75	4月　渋沢同族株式会社を設立	
一六	5	76	実業界の第一線から完全に引退	
一九	8	79	大倉高等商業学校発足。協調会を設立	
二〇	9	80	東京高等商業学校、東京商科大学へ昇格。子爵となる	
二三	12	83		関東大震災
一九二六　昭和	元	86	穂積陳重、71歳で逝去	
三一	6	91	11月11日　死去	満州事変

参考文献

渋沢青淵記念財団竜門社編『渋沢栄一伝記資料』(全五八巻)一九五五―一九六五年、渋沢栄一伝記資料刊行会、(別巻一〇巻)一九六六―一九七一年、渋沢青淵記念財団竜門社

はじめに

内閣府経済社会総合研究所編『社会イノベーション事例集二〇〇八』二〇〇八年、内閣府経済社会総合研究所

『一橋ビジネスレビュー』五七巻一号、二〇〇九年、東洋経済新報社

第一章

井上勝生『幕末・維新』二〇〇六年、岩波新書

井上潤「少・青年期の人間形成」渋沢研究会編『公益の追求者　渋沢栄一』一九九九年、山川出版社

菅野和太郎『日本会社企業発生史の研究』一九六六年、経済評論社

小貫修一郎『青淵回顧録』一九二七年、青淵回顧録刊行会
坂野潤治『未完の明治維新』二〇〇七年、ちくま新書
佐々木聡「渋沢栄一と静岡商法会所」『渋沢研究』第七号、一九九四年
佐々木克『志士と官僚――明治を「創業」した人びと』二〇〇〇年、講談社
渋沢栄一『論語講義』一九七七年、講談社学術文庫
渋沢栄一述、長幸男校注『雨夜譚』一九八四年、岩波文庫
渋沢栄一編『昔夢会筆記――徳川慶喜公回想録』一九六六年、平凡社
須見裕『徳川昭武――万博殿様一代記』一九八四年、中公新書
高村直助編著『明治前期の日本経済』二〇〇四年、日本経済評論社
龍澤潤「静岡商法会所の設立について――商法会所・常平倉の理念をめぐって」『白山史学』第三七号、二〇〇〇年
立石駒吉『大隈伯社会観』一九〇一年、文成社
J・ヒルシュマイヤー／由井常彦『日本の経営発展』一九七七年、東洋経済新報社
深谷市史編纂会編『深谷市史』一九六九年
深谷市史編纂会編『深谷市史・追補編』一九八〇年
松浦玲『徳川慶喜――将軍家の明治維新』一九七五年、中公新書
松沢弘陽『近代日本の形成と西洋経験』一九九三年、岩波書店

宮永孝『プリンス昭武の欧州紀行』二〇〇〇年、山川出版社
毛利敏彦『明治六年政変の研究』一九七八年、有斐閣
毛利敏彦『明治六年政変』一九七九年、中公新書
山本七平『渋沢栄一　近代の創造』一九八七年、PHP研究所

第二章

青木光雄編『京都織物株式会社五十年史』一九三七年、京都織物株式会社
大隅健一郎・服部栄三・今井宏・竹内敏夫『総合判例研究叢書　商法(二)』、一九五七年、有斐閣
片岡豊「明治期における株主と株主総会――鉄道業の合併をめぐって」『経営史学』第二三巻第二号、一九八八年
神山恒雄「井上財政から大隈財政への転換」高村直助編著『明治前期の日本経済』(前掲)
阪谷芳郎編『青淵先生六十年史　一名近世実業発達史』一九〇〇年、竜門社
渋沢栄一『渋沢栄一　雨夜譚/渋沢栄一自叙伝(抄)』一九九七年、日本図書センター
渋沢研究会編『公益の追求者・渋沢栄一』一九九九年、山川出版社
島田昌和『渋沢栄一の企業者活動の研究――戦前期企業システムの創出と出資者経営者の役割』二〇〇七年、日本経済評論社
第一銀行八十年史編纂室編『第一銀行史』一九五七年、株式会社第一銀行

東京商工会議所編『渋沢栄一　日本を創った実業人』二〇〇八年、講談社
西本辰之助『株式会社発起人論』一九二六年、巌松堂書店
初田亨『東京　都市の明治』一九九四年、筑摩書房
藤森照信『建築探偵の冒険・東京編』一九八六年、筑摩書房
三井銀行八十年史編纂委員会編『三井銀行八十年史』一九五七年、三井銀行

第三章

磯前順一・深沢英隆編『近代日本における知識人と宗教――姉崎正治の軌跡』二〇〇二年、東京堂出版
王子製紙株式会社『王子製紙社史』第二巻、一九五六年、王子製紙株式会社
大島清・加藤俊彦・大内力『人物・日本資本主義三　明治初期の企業家』一九七六年、東京大学出版会
大塚栄三『馬越恭平翁伝』一九三五年、馬越恭平翁伝記編纂会
荻野勝正『尾高惇忠』一九八四年、さきたま出版会
加藤俊彦『本邦銀行史論』一九五七年、東京大学出版会
株式会社オーベックス『オーベックス一〇〇年史』一九九三年、株式会社オーベックス
株式会社三井銀行『三井銀行一〇〇年のあゆみ』一九七六年、株式会社三井銀行
故阪谷子爵記念事業会編『阪谷芳郎伝』一九五一年、故阪谷子爵記念事業会
財団法人三井文庫編『三井事業史　本篇第二巻』一九八〇年、財団法人三井文庫

サッポロビール株式会社広報部社史編纂室編『サッポロビール一二〇年史』一九九六年、サッポロビール株式会社
佐野眞一『渋沢家三代』一九九八年、文春新書
実業之世界社編『財界物故傑物伝』一九三六年、実業之世界社
渋沢栄一『渋沢栄一　雨夜譚／渋沢栄一自叙伝(抄)』(前掲)
渋沢華子『徳川慶喜最後の寵臣　渋沢栄一』一九九七年、株式会社国書刊行会
島田昌和『渋沢栄一の企業者活動の研究』(前掲)
清水建設株式会社編『清水建設二百年』二〇〇三年、清水建設株式会社
清水建設百五十年史編纂委員会編『清水建設百五十年』一九五三年、清水建設株式会社
第一銀行八十年史編纂室編『第一銀行史』(前掲)
高村直助編著『明治前期の日本経済』(前掲)
土屋喬雄『渋沢栄一』一九八九年、吉川弘文館
東京海上株式会社『東京海上株式会社一〇〇年史』(前掲)
中村隆英『明治大正期の経済』一九八五年、東京大学出版会
初田亨『東京　都市の明治』(前掲)
藤森照信『建築探偵の冒険・東京編』(前掲)
穂積重行『明治一法学者の出発——穂積陳重をめぐって』一九八八年、岩波書店

穂積重行『百年前の国家と大学』二〇〇九年、一穂社
穂積重行編『穂積歌子日記　明治一法学者の周辺　一八九〇—一九〇六』一九八九年、みすず書房
穂積陳重『法窓夜話』一九九二年、岩波文庫
三井銀行八十年史編纂委員会編『三井銀行八十年史』（前掲）
『人事興信録』第一版、一九〇三年
『銀行会社要録』一八九七年版
『竜門雑誌』一八八八年〜、竜門社

第四章

浅井良夫「成立期の日本興業銀行——銀行制度の移入とその機能転化に関する一考察」『土地制度史学』第六八号、一九七五年
石井寛治『日本の産業革命——日清・日露戦争から考える』一九九七年、朝日新聞社
老川慶喜『鉄道』一九九六年、東京堂出版
神山恒雄『明治経済政策史の研究』一九九五年、塙書房
小山騰「渋沢栄一の鉄道会社外資募集交渉——一九〇二年の欧米旅行」『渋沢研究』第九号、一九九六年
桜井徹「鉄道の国有化」野田正穂他編『日本の鉄道　成立と展開』一九八六年、日本経済評論社
島田昌和『渋沢栄一の企業者活動の研究』（前掲）

清水誠「財団抵当法」『講座日本近代法発達史』第四巻、一九五八年、勁草書房
高橋誠『明治財政史研究』一九六四年、青木書店
高村直助『日本資本主義史論』一九八〇年、ミネルヴァ書房
長岡新吉「日清戦後の財政政策と賠償金」安藤良雄編『日本経済政策史論』、一九七三年、東京大学出版会
中西健一『日本私有鉄道史研究』一九六三年、日本評論新社
中村隆英『明治大正期の経済』(前掲)
波形昭一「日本興業銀行の成立と外資導入」『金融経済』一一七号、一九七一年
堀江保蔵『外資輸入の回顧と展望』一九五〇年、有斐閣
室山義正『近代日本の軍事と財政』一九八四年、東京大学出版会
山本有造『両から円へ』一九九四年、ミネルヴァ書房

第五章

磯前順一・深沢英隆編『近代日本における知識人と宗教——姉崎正治の軌跡』(前掲)
沖田行司「国際交流を推進する平和主義教育構想」渋沢研究会編『公益の追求者・渋沢栄一』(前掲)
小倉正恒『小倉正恒談叢』一九五五年、好古庵
偕和会編『財団法人協調会史——協調会三十年の歩み』一九六五年

学校法人京華学園編『京華学園百年史』一九九九年
梶山彬編『論語と算盤』一九八五年、国書刊行会
橘川武郎・島田昌和編『進化の経営史——人と組織のフレキシビリティ』二〇〇八年、有斐閣
木下順「日本社会政策史の探求(上)地方改良、修養団、協調会」『国学院経済学』四四巻一号、一九九五年
木下順「協調会の労務者講習会」『大原社会問題研究所雑誌』四五八号、一九九七年
黒川小六編『協調会事業一班』一九二三年、協調会
作道好男・江藤武人編『一橋大学百年史』一九七五年、財界評論新社
渋沢研究会編『公益の追求者・渋沢栄一』(前掲)
島田昌和「経済立国日本の経済学——渋沢栄一とアジア」杉山伸也編『岩波講座「帝国」日本の学知 第二巻「帝国」の経済学』二〇〇六年、岩波書店
島田昌和「戦前期日本の商業教育制度の発展—東京の私立商業学校と渋沢栄一」『経営論集』(文京学院大学)第一九巻第一号、二〇〇九年
修養団運動八十年史編纂委員会編『修養団運動八十年史　概史』一九八五年
瀬岡誠『近代住友の経営理念——企業者史的アプローチ』一九九八年、有斐閣
瀬岡誠「修養団と財閥経営者——渋沢栄一と小倉正恒を中心として」『京都学園大学論集』第一一巻第二号、一九八三年

添田敬一郎伝編集委員会編『添田敬一郎伝』一九五五年、添田敬一郎君記念会
高橋原「帰一協会の理念とその行方―昭和初期の活動」『東京大学宗教学年報』第二〇号、二〇〇二年
高橋彦博『戦間期日本の社会研究センター――大原社研と協調会』二〇〇一年、柏書房
高橋彦博「協調会イメージの再構成――書評『協調会研究』七点を承けて」『大原社会問題研究所雑誌』第五七九号、二〇〇七年
高千穂学園八十年史編集委員会編『高千穂学園八十年史』一九八三年、学校法人高千穂学園
武田清子『日本リベラリズムの稜線』一九八七年、岩波書店
秩父セメント株式会社『秩父セメント五〇年史』一九七四年
東京経済大学編『東京経済大学八十年史　一九〇〇―一九八〇』一九八一年、東京経済大学
東京経済大学一〇〇年史編纂委員会編『東京経済大学の一〇〇年』二〇〇五年、学校法人東京経済大学
中村英雄編『最近の社会運動』一九二九年、協調会
長沼友兄「異文化体験と近代福祉事業の形成」渋沢研究会編『公益の追求者・渋沢栄一』(前掲)
日本工業倶楽部二十五年史編纂室『男爵中島久萬吉氏談話速記』一九四一年
林博史『近代日本国家の労働者統合』一九八六年、青木書店
平井雄一郎「障害児教育――東京養育院を事例として」渋沢研究会編『公益の追求者・渋沢栄一』(前掲)
藤野豊「協調政策の推進――協調会による労働者の統合」『近代日本の統合と抵抗』第三巻、一九八二年、日本評論社

三好信浩『渋沢栄一と日本商業教育発達史』二〇〇一年、風間書房
山名敦子「慈善・社会事業と実業の接点」渋沢研究会編『公益の追求者・渋沢栄一』(前掲)
米川紀生「協調会の成立過程——我国に於ける労資関係安定のための民間機関の構想」『新潟大学経済学年報』第三号、一九七九年

索　引

ア 行

カ 行

サ 行

タ 行

ナ 行

ハ 行

マ 行

ヤ 行

ラ 行

ワ 行

島田昌和

1961年東京都生まれ
1993年明治大学大学院経営学研究科博士課程単位取得満期中退
現在ー文京学院大学経営学部教授
専攻ー経営史，経営学　博士(経営学)
著書ー『日本経営史3「大企業時代の到来」』(岩波書店，1995)
『ケースブック 日本企業の経営行動4「企業家の群像と時代の息吹き」』(共著，有斐閣，1998)
『日本の企業間競争』(共著，有斐閣，2000)
『失敗と再生の経営史』(共著，有斐閣，2005)
『岩波講座「帝国」日本の学知第2巻「帝国」の経済学』(共著，岩波書店，2006)
『渋沢栄一の企業者活動の研究』(日本経済評論社，2007)
『進化の経営史』(編著，有斐閣，2008) ほか

渋沢栄一 社会企業家の先駆者　　岩波新書(新赤版)1319

2011年7月20日　第1刷発行
2021年2月25日　第4刷発行

著　者　島田《しまだ》昌和《まさかず》

発行者　岡本　厚

発行所　株式会社 岩波書店
〒101-8002 東京都千代田区一ツ橋2-5-5
案内 03-5210-4000　営業部 03-5210-4111
https://www.iwanami.co.jp/

新書編集部 03-5210-4054
https://www.iwanami.co.jp/sin/

印刷製本・法令印刷　カバー・半七印刷

ISBN 978-4-00-431319-9　　Printed in Japan

岩波新書新赤版一〇〇〇点に際して

ひとつの時代が終わったと言われて久しい。だが、その先にいかなる時代を展望するのか、私たちはその輪郭すら描きえていない。二〇世紀から持ち越した課題の多くは、未だ解決の緒を見つけることのできないままであり、二一世紀が新たに招きよせた問題も少なくない。グローバル資本主義の浸透、憎悪の連鎖、暴力の応酬――世界は混沌として深い不安の只中にある。

現代社会においては変化が常態となり、速さと新しさに絶対的な価値が与えられた。消費社会の深化と情報技術の革命は、種々の境界を無くし、人々の生活やコミュニケーションの様式を根底から変容させてきた。ライフスタイルは多様化し、一面では個人の生き方をそれぞれが選びとる時代が始まっている。同時に、新たな格差が生まれ、様々な次元での亀裂や分断が深まっている。社会や歴史に対する意識が揺らぎ、普遍的な理念に対する根本的な懐疑や、現実を変えることへの無力感がひそかに根を張りつつある。そして生きることに誰もが困難を覚える時代が到来している。

しかし、日常生活のそれぞれの場で、自由と民主主義を獲得し実践することを通じて、私たち自身がそうした閉塞を乗り超え、希望の時代の幕開けを告げてゆくことは不可能ではあるまい。そのために、いま求められていること――それは、個と個の間で開かれた対話を積み重ねながら、人間らしく生きることの条件について一人ひとりが粘り強く思考することではないか。その営みの糧となるものが、教養に外ならないと私たちは考える。歴史とは何か、よく生きるとはいかなることか、世界そして人間はどこへ向かうべきなのか――こうした根源的な問いとの格闘が、文化と知の厚みを作り出し、個人と社会を支える基盤としての教養となった。まさにそのような教養への道案内こそ、岩波新書が創刊以来、追求してきたことである。

岩波新書は、日中戦争下の一九三八年一一月に赤版として創刊された。創刊の辞は、道義の精神に則らない日本の行動を憂慮し、批判的精神と良心的行動の欠如を戒めつつ、現代人の現代的教養を刊行の目的とする、と謳っている。以後、青版、黄版、新赤版と装いを改めながら、合計二五〇〇点余りを世に問うてきた。そして、いままた新赤版が一〇〇〇点を迎えたのを機に、人間の理性と良心への信頼を再確認し、それに裏打ちされた文化を培っていく決意を込めて、新しい装丁のもとに再出発したいと思う。一冊一冊から吹き出す新風が一人でも多くの読者の許に届くこと、そして希望ある時代への想像力を豊かにかき立てることを切に願う。

（二〇〇六年四月）

経済

日本の税金〔第3版〕 三木義一
金融政策に未来はあるか 岩村充
経済数学入門の入門 田中久稔
地元経済を創りなおす 枝廣淳子
会計学の誕生 渡邉泉
偽りの経済政策 服部茂幸
ミクロ経済学入門の入門 坂井豊貴
経済学のすすめ 佐和隆光
ガルブレイス 伊東光晴
ユーロ危機とギリシャ反乱 田中素香
ポスト資本主義 科学・人間・社会の未来 広井良典
タックス・イーター 志賀櫻
コーポレート・ガバナンス 花崎正晴
グローバル経済史入門 杉山伸也
新・世界経済入門 西川潤
金融政策入門 湯本雅士
日本経済図説〔第四版〕 宮崎勇・本庄真・田谷禎三

新自由主義の帰結 服部茂幸
タックス・ヘイブン 志賀櫻
WTO 貿易自由化を超えて 中川淳司
日本財政 転換の指針 井手英策
日本の税金〔新版〕 三木義一
世界経済図説〔第三版〕 宮崎勇・田谷禎三
成熟社会の経済学 小野善康
平成不況の本質 大瀧雅之
原発のコスト 大島堅一
次世代インターネットの経済学 依田高典
ユーロ 危機の中の統一通貨 田中素香
低炭素経済への道 諸富徹・浅岡美恵
「分かち合い」の経済学 神野直彦
グリーン資本主義 佐和隆光
消費税をどうするか 小此木潔
国際金融入門〔新版〕 岩田規久男
金融商品とどうつき合うか 新保恵志

金融NPO 藤井良広
地域再生の条件 本間義人
経済データの読み方〔新版〕 鈴木正俊
格差社会 何が問題なのか 橘木俊詔
景気とは何だろうか 山家悠紀夫
環境再生と日本経済 三橋規宏
社会的共通資本 宇沢弘文
景気と国際金融 小野善康
経営革命の構造 米倉誠一郎
ブランド 価値の創造 石井淳蔵
景気と経済政策 小野善康
戦後の日本経済 橋本寿朗
共生の大地 新しい経済がはじまる 内橋克人
シュンペーター 伊東光晴・根井雅弘
経済学の考え方 宇沢弘文
経済学とは何だろうか 佐和隆光
イギリスと日本 森嶋通夫
近代経済学の再検討 宇沢弘文